カントなら現代の難問にどんな答えをだすのか？

公開霊言

RYUHO OKAWA
大川隆法

本霊言は、2016年2月2日、幸福の科学総合本部にて、公開収録された（写真上・下）。

まえがき

独創的で論理的な頭脳を持っている天才なら、一つのシンプルな理論で世界の諸問題を解決しようとするだろう。そしてそれは、文章の上では限りなく英《えい》雄《ゆう》的な行為に見えることだろう。

だが、現実には、様々な宗教や思想・信条を持っている諸国、諸民族に一つのシンプルな理論をあてはめると、ブルドーザーで平らにされていくゴルフ場のようになって、競技をする人たちからは、「ウサギとカメの競走じゃないんだぞ。」とお叱《しか》りを受けることになるだろう。

旧《ふる》くはマルクス理論、近年はピケティ理論などがそれにあたるだろう。独裁国認定や、その国が核を持つことの正義なども、簡単な統一理論は出せまい。ただ、危険な地獄《じごく》思想に人類が陥《おちい》るのを事前に防ぐには、常《つね》なる「啓蒙《けいもう》」が必要であることは、カントのメッセージからも明らかであろう。

二〇一六年　二月十一日

幸福《こうふく》の科学《かがく》グループ創始者兼総裁《そうししゃけんそうさい》　大川隆法《おおかわりゅうほう》

公開霊言　カントなら現代の難問にどんな答えをだすのか？　目次

公開霊言《れいげん》
カントなら現代の難問にどんな答えをだすのか？

二〇一六年二月二日　霊示《れいじ》
東京都・幸福の科学総合本部にて

Q3 「難民問題」に解決策はあるか　54

Q4 イスラム圏《けん》に必要な改革とは　68

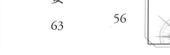

Q5 「格差是正《ぜせい》」の問題点とは 81

Q6 「アメリカ型経済」と「中国型経済」の行方《ゆくえ》は？ 101

Q7 「恒久《こうきゅう》平和」を実現するための哲学とは

「霊言現象《れいげん》」とは、あの世の霊存在の言葉を語り下ろす現象のことをいう。これは高度な悟《さと》りを開いた者に特有のものであり、「霊媒現象《れいばい》」（トランス状態になって意識を失い、霊が一方的にしゃべる現象）とは異なる。外国人霊の霊言の場合には、霊言現象を行う者の言語中枢《ちゅうすう》から、必要な言葉を選び出し、日本語で語ることも可能である。

なお、「霊言」は、あくまでも霊人の意見であり、幸福の科学グループとしての見解と矛盾《むじゅん》する内容を含《ふく》む場合がある点、付記しておきたい。

公開霊言《れいげん》　カントなら現代の難問にどんな答えをだすのか？

二〇一六年二月二日　霊示《れいじ》
東京都・幸福の科学総合本部にて

イマニエル・カント（一七二四～一八〇四）

ドイツの哲学者《てつがくしゃ》、思想家。『純粋《じゅんすい》理性批判』『実践《じっせん》理性批判』『判断力批判』の三批判書を世に問い、批判哲学を提唱。人間存在の徹底分析《てっていぶんせき》と、独自の世界観の構築をなした。また、フィヒテ、シェリング、ヘーゲルへと展開した、いわゆるドイツ観念論哲学の祖とされ、後《のち》の西洋哲学全体に強い影響《えいきょう》を及《およ》ぼした。

質問者　藤井《ふじい》幹久《もとひさ》（幸福の科学国際本部国際政治局長 兼《けん》ＨＳＵ講師）
綾織《あやおり》次郎《じろう》（幸福の科学常務理事 兼「ザ・リバティ」編集長 兼ＨＳＵ講師）
諸岡由憲《もろおかよしのり》（幸福の科学国際本部国際エル・カンターレ信仰《しんこう》伝道局担当部長
〔アフリカ担当〕兼 カンパラ支部上級支部長 兼 ウガンダ東支部上級支部長）
森國英和《もりくにひでかず》（幸福実現党党首特別補佐《ほさ》）
鈴木《すずき》純一郎《じゅんいちろう》（幸福の科学ＩＴ伝道局長）
榊原俊尚《さかきばらとしひさ》（幸福の科学理事 兼 国際エル・カンターレ信仰伝道局長）

〔質問順。役職は収録時点のもの〕

序　カントに現代の諸問題を問う

今朝《けさ》、私のところにやって来た意外な霊人《れいじん》

大川隆法　今朝《けさ》ほど、私のところに、何か霊的《れいてき》なものが来ていました。

「また、最近流行《はや》りの生霊《いきりょう》が来ているのだろうな」と思い、嫌々《いやいや》でしたが、とりあえず訊《き》いてみると、（その霊は）「イマニエル・カント」と言って出てきたので、「何のご用か」と、一瞬《いっしゅん》、戸惑《とまど》ったのです。

最近は、あまりに生々《なまなま》しい〝現代人の霊言《れいげん》〟が飛び交《か》っているため、少し歴

史がかった感じを出して、霊言のイメージを引き締《し》めようと思っているのかもしれませんし、ほかに意図があるのかもしれません。

それほど緊急《きんきゅう》性があるとは思えないのですが、カント先生のご意見としては、「週刊誌的なテーマや月刊雑誌的なテーマでも構わないので、現代人が、いろいろと価値判断に迷っているようなもの等について、私に意見を訊いていただければ、お答えするつもりだ」ということでした。

確かに、今年、幸福の科学では「正義論」を出してキャンペーンをしていますが（注。二〇一六年の法シリーズとして『正義の法』（幸福の科学出版刊）を発刊した）、「正義論」の裏には、やはり、哲学《てつがく》的な考えもあるだろうと思います。

『正義の法』
（幸福の科学出版刊）

また、『正義の法』（前掲《ぜんけい》）のなかには、カントの霊指導による章も一つ入っていたため、何か言いたいこともあるのかもしれません。

過去に三度、発刊されている「カントの霊言《れいげん》」

大川隆法　質問される方は、「現代が抱《かか》えているいろいろな問題について、カントのような哲学者なら、どのように考えるだろうか」という素朴《そぼく》な疑問を訊いていただいたらよいでしょう。

ただ、哲学的文脈で、「カントの『純粋《じゅんすい》理性批判』や『実践《じっせん》理性批判』などの、ここの部分の、この意味は何ですか?」というようなことをやっていると、読者がいなくなるかもしれません（苦笑）。そこで、そういう質問は避《さ》けて、そういうものに関係なく、なるべく現代的に意味のあることを、現代の言葉で語ってもらおうと思っています。

なお、カントの霊言《れいげん》に関しては、すでに初期の霊言集の五冊目（『ソクラテスの霊言』〈潮文社《ちょうぶんしゃ》刊〉）に入っており、現在は『大川隆法霊言全集 第9巻 ソクラテスの霊言／カントの霊言』（宗教法人幸福の科学刊）に所収されています。

それから、『霊性《れいせい》と教育――公開霊言 ルソー・カント・シュタイナー――』（幸福の科学出版刊）にも、三人の霊言が一緒《いっしょ》に収録されていますが、ルソーとカントという同時代を生きた人に出てきてもらい、「霊性と教育」について語ってもらいました。

この本は、「カント的な哲学」と「そこから出

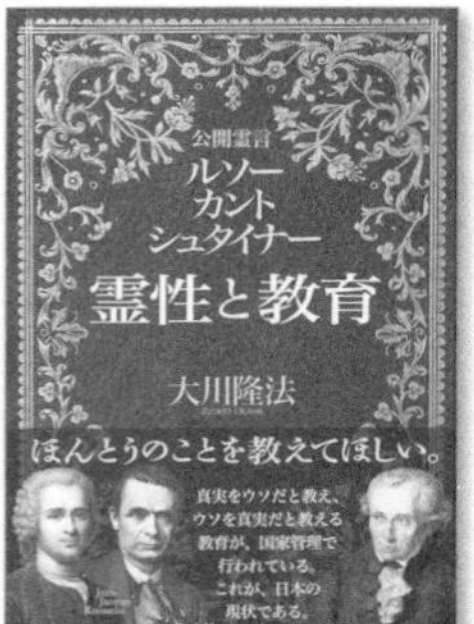

『霊性と教育』
（幸福の科学出版刊）

てきた学問性」が、宗教的なるものや霊的なるもの、神秘的なるものと対立しがちであるので、「録《と》り直す必要があるのではないか」という趣旨《しゅし》でした。

また、最近では、ＨＳＵ（ハッピー・サイエンス・ユニバーシティ）関連のテキストとして、『カント「啓蒙《けいもう》とは何か」批判』（幸福の科学出版刊）も出しています。カントの著作は多いため、『啓蒙とは何か』といういちばん薄《うす》い本を一つのテーマ、切り口にしたものです。

ちなみに、ここで言う「批判」とは、「悪口を言う」という意味ではなくて、カントの場合、理性的に詰《つ》めて考えていくようなことを、けっこう「批判」と呼んでいます。そのため、この本は、決してカントを批判したわけではなく、現代につ

『カント「啓蒙とは何か」批判』
（幸福の科学出版刊）

ながっている諸問題について、カントに訊いているのです。

カントは、日本で言えば江戸《えど》時代あたりに生きた人ですが、現代への影響力《えいきょうりょく》がかなり大きいので、現代において結論が出ていない、いろいろな問題等について、訊いてみたいと思います。

哲学者《てつがくしゃ》カントを招霊《しょうれい》し、現代的な諸問題について訊《き》く

大川隆法　なお、過去の霊言《れいげん》を見るかぎり、答えが短くて、一問一答ということも多いので（笑）、質問者からの質問を受けて、一言《ひとこと》で答えて終わりになったら、続きません。

そこで、「自分の質問に対して十分に分かるところまで答えてもらっていな

い」と、〝愛を少なく〟感じた方は、たたみかけて、「いや、こういうことが訊《き》きたいのですけれども……」という感じで、多少、対話をしてくださっても結構です。

ただ、対話をしても（カントの霊が）乗ってこない場合は、「くだらない質問だ」という意味であると思われるので、それは先に進むべきかと思います。対象は限りませんが、もちろん、カントの射程に入っていないものについては、答えられない、あるいは答えない場合もあるでしょう。

では、（カントの霊は）すでに来てはいますけれども、いちおう宗教儀式《ぎしき》としてカント先生をお呼びして、お話しします。

（合掌《がっしょう》し）哲学者《てつがくしゃ》イマニエル・カント先生。

どうか幸福の科学総合本部に降りたまいて、当会の有志諸君に対して、現代的な諸問題にもお答えくださいますよう、心の底よりお願い申し上げます。

イマニエル・カント先生よ。

どうか幸福の科学総合本部に降りたまいて、現代的な諸問題に関して、幸福の科学総合本部の職員のみなさんにお答えくださいますよう、お願い申し上げます。

ありがとうございます（手を二回叩《たた》く）。


（約五秒間の沈黙《ちんもく》）

イマニエル・カント像
カントの出身地であるプロイセン王国・ケーニヒスベルクは、現在のロシア連邦・カリーニングラードにあたる。

QUESTION Q1

米大統領選の行方《ゆくえ》をどう見るか

カント　はい。

藤井　よろしくお願いします。

いま話題の「トランプ現象」について、お伺《うかが》いできればと思います。

カント　うん。

藤井　アメリカ共和党の次期大統領候補であるドナルド・トランプ氏は出てきた当初、「いずれ消えるのではないか」と言われつつも、いまだに高支持率が続いております。

カント　ええ。

藤井　日本でも、もちろんアメリカでも、専門家ですら、この現象の解明、解読に苦しんでいるような状況《じょうきょう》ではないかと思います。

この「トランプ現象」をどのように見るべきなのか、といったことについてお答えいただければ

『守護霊インタビュー
ドナルド・トランプ
アメリカ復活への戦略』
（幸福の科学出版刊）

幸いでございます。

トランプ氏が次期大統領になったら、戦争を起こす?

カント　うーん。私の印象ですがね、何か、西部劇でも観《み》ているような感じがございますね。悪いインディアンをやっつける白人のガンマンが出てきて撃《う》つようなイメージですかね。そういう出方は、アメリカ人には非常に人気がある出方なのかなというふうに見ています。ある意味で、非常に目立つかたちの振《ふ》る舞《ま》いをなされている感じはいたします。

それが彼の本当の姿かどうかは分かりませんが、マスメディアを有効に利用するという意味においては、極《きわ》めて巧《たく》みなところがあるかと思います。

ただ、マスメディアも、利用されっぱなしということではなかなか承服《しょうふく》しないのが通常でありますので、利用するところまで利用して、彼の人気で視聴率《しちょうりつ》を取りたいけれども、どこかでそのお返しをしたい面もあるかもしれません。当選のところまで彼が引っ張れるか、その前にどこかで足を引っ張られて〝撃ち落とされるか〟については、分からないところですね。

しかし、トランプ氏は、全体として、アメリカの人々に新しいスターというか、力強いリーダーを求めている気持ちがあるということを読み取って、そういうふうに出てきているのではないかと考えられます。

ただ、彼が当選した暁《あかつき》にはどうなるかを予想いたしますと、「アメリカは戦争を始めるだろう」ということだけは予想がつきます。善悪をはっきりさせて、彼が「悪」と認定したものに対しては、果敢《かかん》に戦争を始めて、ＰＲをやると。

●アメリカ大統領選の日程　１月から７月までは、全米50州の各州ごとに、民主党と共和党の二大政党で「予備選挙」が行われ、各党の候補者を１人に絞る。本選挙である「一般投票」は11月８日に行われ、各州で有権者が投票する。ここで新大統領が決まり、翌年１月20日に正式に新大統領が就任する。

「強いアメリカの復活」を必ず言うはずですので、戦争は始まると考えていいと思います。ですから、彼が当選しそうであれば、いちおう「戦争の時代」が始まるということです。

アメリカによる制裁型の戦争かもしれませんが、少なくとも、それが局地的なものにとどまるのか、大きくなるのかは、やり方にもよります。（アメリカ国内）世論《せろん》とか国際世論にも影響《えいきょう》はありましょうけども、何かはやるだろうと思われますね。

そういう意味で、「時代の申し子」的なところはあるかもしれません。

これ以上について聞きたければ、どうぞ。

アメリカの民意は「強いアメリカ」を求める

藤井　その場合、それが「吉《きち》」と出るのか、「凶《きょう》」と出るのか。要するに、戦争を始めるということが、世界にとってプラスになるのか、そうではないのか。混乱が起きるのかといったところは、どのようにご覧になるでしょうか。

カント　うーん……。彼の使命としては、「『アメリカの世紀』をもう少し延ばす」というミッションだと思うんです。そういうミッションで出てくるとは思うんですが、ただ、第二次大戦、それから朝鮮《ちょうせん》戦争、ベトナム戦争等で反対してきた反アメリカ的な考え方を持っている方々から見れば、それこそ、アメリカの諸悪の集大成のようにも見えるかもしれません。

だから、アメリカン映画の「ロッキー」「ランボー」みたいな英雄《えいゆう》を自分は演じているつもりかもしれませんが、世界のほかの国の人たちから見れば、すごく乱暴なガンマンが弾《たま》を撃っているように見えるかもしれませんね。

そういう意味で、アメリカ国内世論といえども、国際世論と同じではないというところが見えますね。

悪く出れば、もちろん、「北朝鮮」、「中国」をはじめ、あとは「イスラム圏《けん》」、

「ロッキー」(1976年公開／ユナイテッド・アーティスツ)

「ランボー」(1982年公開／カロルコ・ピクチャーズ／オライオン・ピクチャーズ／東宝東和)

この三カ所での戦争が起きる可能性はあると思います。

ただ、大統領選はまだ終わっていませんので、この世的には流動的なところもあり、民主党政権のほうが立ってくる可能性もないとは言えませんが、現時点では、民主党政権がかなり長く続いておりますので、アメリカの民意としては「強いアメリカ」を求める方向に動くのではないかと、私は見ています。

ただ、アメリカで民主党政権が続くようでありましたら、アメリカの長期的衰退傾向《すいたいけいこう》は続くので、アメリカ国内の世論としては、かなりの不満が沸騰《ふっとう》してくる。ということで、次の大統領が民主党側から出たとしても、短期で終わる可能性、要するに、二期当選はしないかたちでしか終わらないと思いますが、アメリカの今の国民性から見るかぎりは、たぶん「政権交代」を求める結果になると思います。

ですから、そこまで彼が〝引っ張れるかどうか〟という問題はありますが、他の候補者がどれも弱いので、アメリカンヒーローの像としては、やはり、彼を大きくクローズアップさせて、「一回やらせてみようか」という気持ちになってくる可能性はあります。

そのときには、あなたがたは地上における戦争のシミュレーションをやっておいたほうがいいと思います。

足りなければ続けますが。

「トランプ大統領」は北朝鮮《きたちょうせん》や中国の南沙《なんさ》基地を爆撃《ばくげき》するだろう

藤井　少し別の角度からなのですが、この問題について多くの識者がつかみかねている点として、実際に、トランプ氏は、「ポリティカル・コレクトネス」（差別や偏見《へんけん》が含《ふく》まれていない公正中立的な表現や用語を使うこと。また、それを是正《ぜせい》すること）とよく言われますけれども、そういうところを踏《ふ》み破って、いろいろな問題発言をしているというようにメディアでは報道されています。

カント　うーん。

藤井　しかし、大衆の支持が圧倒《あっとう》的にあるということもまた事実で、ここのところが、今、対立している状況ではないかと思います。これは民主主義的に見れば正当性があるようにも見えるわけですけれども、この対立点をどのようにご覧になるでしょうか。

カント　うーん。「アメリカの正しさ」っていうのはね、アメリカ人自身、分からないんです。

アメリカ人自身に分からなくて、「アメリカの強さ」が「アメリカの正しさ」というふうに理解しているので、「強いアメリカを演出できたら、その人は正しい」というのが基本的な考え方かと思います。要するに、強いアメリカをアピールできるかどうか。

これは同時に、日本の政権とも連動していて、日本もそういう方向に動いているとは思うんですけどね。

そういう意味で、次のアメリカは、「戦争ができる大統領」、そして「戦争に勝てる大統領」、これを求めてくる可能性は高い。

それがトランプ氏に限られるかどうかは分かりません。ほかに、新しい意見を述べる人が急速に出てくる可能性もないとは言えませんが、今のところ、有力ではないでしょうか。

ただ、彼一人、大統領になるだけで、どのくらいの人が死ぬかは、ちょっと計算はできませんけども、彼が大統領になったとシミュレーションした場合、例えば、北朝鮮《きたちょうせん》のような国に対しては、まず爆撃《ばくげき》を開始すると思います。当然です。

それから、中国がつくっている南沙《なんさ》諸島その他の要塞《ようさい》ですね。国境紛争《ふんそう》があるなかで、自国の軍事基地をつくっているようなところ、これも、爆撃したあと占領《せんりょう》すると思われます。

そのあと、大きな戦争になるかどうかは、それは中国の出方次第《しだい》ですが、今の中国としては、アメリカとの全面戦争はやらないと判断します。

それから、イスラム圏に関しては、大規模介入《かいにゅう》について検討を開始するはずですけども、これは、アメリカから見ると、イスラム圏のどれが正しいのかが、もう分からない状況になっているので、どういう選択《せんたく》をするのか見ものだと思いますが。そのときにアメリカに〝擦《す》り寄ってくるところ〟を護《まも》るかたちで動くと思われます。

それから、あと、もう一つの論点にはロシア問題があると思いますが、ロシアのプーチン大統領とは意外に気が合うというか、同質のものを感じ

『ロシア・プーチン新大統領と帝国の未来』
(幸福実現党刊)

『プーチン大統領の新・守護霊メッセージ』
(幸福の科学出版刊)

ているので、意外に、米ロ関係は良好に行くのではないかというふうに考えます。

藤井　ありがとうございます。

カント　はい。

QUESTION

Q2

「STAP《スタップ》細胞《さいぼう》問題」をどう見るか

綾織　本日は貴重な人類への導きの機会を頂きまして、ありがとうございます。

私からは、「科学」、あるいは、マスコミも含《ふく》めました「正義」についてお伺《うかが》いしたいと思います。

今、STAP《スタップ》細胞《さいぼう》をつくったと言われている小保方晴子《おぼかたはるこ》さんの書いた『あの日』（講談社）という本が、週刊誌等で非常に話題となっています。

私も読ませていただきましたが、ある意味で、

小保方晴子著『あの日』

「科学の世界における権力闘争《とうそう》」のようなものが書かれていますし、また、「それにマスコミが乗ることで、結局は小保方さんが〝火あぶり〟に遭《あ》った」というようなプロセスが書かれていました。

カント　うん。

綾織　ただ、こうした科学の世界や、マスコミの現状を見ますと、今後の「生命科学」とか、今、話題になっている「人工知能」とかの研究に対して、非常にマイナスが大きいのではないかと思われます。

そこで、科学の世界やマスコミのなかで、正義を打ち立てていく、あるいは啓蒙《けいもう》していくためには何が必要なのかをお伺いしたいと思います。

●STAP細胞問題とは　小保方晴子氏が2014年1月に英「ネイチャー」誌に寄稿した「STAP細胞発見」論文が、改ざん、捏造等の不正があったとして告発され、小保方氏が理研を退職に追い込まれた事件。

科学が打ち当たっている「理性の終焉《しゅうえん》」という壁《かべ》

カント　今、科学の打ち当たっている壁《かべ》というのは、ある意味での「理性の終《しゅう》焉《えん》」だと思うんです。

だから、私が（生前に）本を出したころから、近代から現代に向けて、「理性の確立」というのが、学問の諸領域において行われてきたんですね。諸学問が分化して、そのなかで実験科学的なものもそうとう進歩していったのだと思われます。

教会がすべてを判断できるような時代ではなくなって、「それぞれの専門家が自分の領域をやっていく。それも理性的アプローチによって正しさを実証していく」という、そういう学問の開拓《かいたく》が行われてきました。

そして今、あなたが言った「生命の創造」に当たるようなものとか、あるいは、「つくり手である人間の知能を超《こ》えるような人工ロボットがありえていいのかどうか」というような問題とか、さらには、人間が病気を治すために、例えば、「自分たちでクローン人間をつくって、その臓器を提供するみたいなことをやっても構わないのかどうか」というような問題とかですね。こういう現代的にぶつかってきている諸問題は、いずれも「理性の限界」、「理性の壁」のところにぶつかっていると考えてい

ソフトバンクが開発した人型ロボット「Pepper《ペッパー》」。最先端の人工知能が搭載され、「人の感情を理解し、コミュニケーションするロボット」として、企業が受付に導入したり、家族の一員として過ごしたりと、ロボットは実用レベルになりつつある。

いかと思うんですよ。

ですから、この「理性の壁」にぶつかっているところは、まさしく今、「天からの啓示」が降りなければ判断がつかないレベルです。

ただ、理性だけではないかもしれません。「知性の集積による結果は、すべて善である」という考えのなかにも誤りがあって、これも限界が来ます。

「知性の集積による限界」というのは何かというと、マスコミ等による報道はみんな、いろいろな情報や知識を集積して、それから独自の言論をいろいろと立てて、多様な言論を出していますよね。それで、「一つのことに対していろいろな意見がある」ということ自体は、可能性としてはいいと思いますが、「知識」の氾濫《はんらん》が「結論」の氾濫を呼ぶ場合、「本当の正しさとは何か」ということも失われることになるのではないかと思うんですね。

　これに関しても、「知性による、霊性《れいせい》、あるいは神性《しんせい》への反乱」が起きている状況《じょうきょう》に関して、これを正さねばならないという仕事があると思うんです。

　いずれにしても、理性も限界、知性も限界が来ていて、「知識、情報のこれ以上の増大のみによって正しさが演繹《えんえき》できるかどうか」、あるいは、「そうした諸説、諸意見から正しさを帰納することができるかどうか」ということに対しては、極《きわ》めて疑問が大きいと思います。

　だから、いろいろな考え方を、万人《ばんにん》が発信できるわけです。私もよく分かりませんが、今、インターネットとかいう世界では、各人が「出版社の機能」を持っているような、あるいは「言論人の機能」を持っているような、そういう情報発信ができるようになってますよね。

　私たちの時代から見れば、一般人《いっぱんじん》の言論などというのは、ほとんど無価値に

●演繹と帰納　普遍的な法則から個別具体的な事例を導き出すことを演繹といい、個別具体的な事例から普遍的な法則を導き出すことを帰納という。

近い、隣近所《となり》での話にしかすぎないような内容です。そういうものが堂々とほかの言論と一緒《いっしょ》になって混ざってくるなかで、真偽《しんぎ》を見極めるというのは、とても難しいことではないかと思います。

この世的な技術としては、やっぱり「プロフェッショナルの確立」ということが問題なのだろうとは思うのですが、最後、越《こ》えられない一線は、「神から見た正しさ」という観点から、「理性として、やっていいところはどこまでか」、あるいは、「知性の限界としては、どこまであるのか」ということだと思う。

だから、生命がつくれるにしても、「生命をつくって、その後、どういうふうに扱《あつか》い、処理するのが正しいのか」という判断が必要になるだろうしね。

また、言論は無数につくれるけれども、無限に増えればいいというわけではないのであって、何らかの「焦点《しょうてん》」が必要になってくる。「どこにフォーカスしていくか」ということが大事になってくる。

その意味で、そうした情報や技術が氾濫すればするほど、リーダー的オピニオンの存在が必要になってくると考えられるわけですね。

毎日のように起きている「火あぶり」「異端審問《いたんしんもん》」

カント　ちょっと抽象的《ちゅうしょう》になりましたので、もうちょっと具体的に聞きたければ、どうぞ。

綾織　個別のテーマになってしまうかもしれないのですけれども、今、小保方さんが、ほとんど〝葬《ほうむ》り去られて〟いるわけです。それに対し、小保方さんが研究してきたテーマにおける「正しさ」を、実際に世の中やマスコミに認めさせるのには、プロセスとして何か手立てがあるものなんでしょうか。

カント　これはですね、今の話の延長で言うと、学問の分化により、文系と理系がすごく分かれすぎていて、「理系の文法」と「文系の文法」が違《ちが》ってきていた。要するに、文法といっても、社会を生き渡《わた》っていく上でのルールということですけれども、これが違ってきていたわけです。

だから、小保方氏の場合には、そういう「文系の文法」を知らなかったので、文系のマスコミたちがどういうふうに判断し、どういうふうに行動し、どういう結果がくるかということについて読めていなくて、自分の〝理系的文脈〟のなかでだけ探究していた。「これを公開することが、どういうことを引き起こすか」ということは、〝文系的な文法〟のなかを生きている人にとっては、よく分かっていたのだけども、彼女には分からず、彼女の指導教官やその周りにいる人たちにも、実は分からなかった。

「脚光《きゃっこう》を浴びることは、すなわちいいことだ」と思っていたかもしれないが、脚光を浴びるということは、そこにリスクマネジメント、その他が要《い》る。やはり、「その結論を通すためにどれほどの難しさがあるか」という考え方について、「文系的教養」が足りなかったのではないかと思います。

今、ゆっくりと勉強をしているところかと思いますけれども、「現代は〝異《い》端審問《たんしんもん》〟、〝火あぶり〟というのは、日常茶飯事《さはんじ》である」ということを知るべきであったと思います。

過去においては、そうした火あぶり、異端審問っていうのは珍《めずら》しいことであって、非常にセンセーショナルで、世界的に知られるようなことが、たまにありましたが、現代においては、毎日やられている。「この〝火あぶり〟というのは、毎日あるんだ」「〝言論による火あぶり〟現象というのは毎日あるんだ」ということです。

ところが、理系の研究者等は、そうしたジャーナリスティックな新聞紙や週刊誌、あるいはテレビとかをあまり観《み》ていません。毎日行われている〝火あぶり〟を知らないで、自分の研究に没頭《ぼっとう》していることが多いわけです。つまり、「対岸《たいがん》の火事」というふうに見ているということですね。「自分だったらどうなるか」ということを考えることができなかったところに限界はあると思うんです。

だから、「自分の研究のなかで一歩を進めれば、それは正しいことだ」と思っていたが、「〝文系的文脈〟のなかで、どういうふうに火あぶりの〝火祭り行事〟が行われるか」について、よく知らなかったということでしょう。

あるいは、防御《ぼうぎょ》の手段・方法についての研究は足りていなかったということ。もしくは、文系的と必ずしも言えないかもしれませんが、「理系の人脈のなかにおいて、自分の考え方を発表することが、他の人々にどういう波紋《はもん》を広げ、どういうリアクションがあるか」ということについてシミュレーションをし、それをどう切り抜《ぬ》けるべきかを考えるだけの「参謀《さんぼう》」に当たる人がいなかったということだと思う。

個々バラバラの研究者たちの群れであって、追い風が吹《ふ》いているときはみんな集まってくるのだけれども、逆風が吹いたら、あっという間に、蜘蛛《くも》の子を散らすように逃《に》げていく。で、「一人だけ取り残された」「逃げ遅《おく》れた」というかたちになったと思うんです。

そして、理系人材としては、「どう振《ふ》る舞《ま》うべきか」が分からないために、「とにかく謝罪し、撤回《てっかい》し、謝《あやま》れば、日本では生きていけるんだ」ということになって、それをやったところが、「バッシングはやまなかった」「社会的に葬られるところまで押《お》し込《こ》まれた」ということだと思う。

小保方《おぼかた》氏の何が〝罪〟だったのか

カント　このへんに関して、今、一年十カ月ぶりかに、やっと反論の書を、自分の筆で書いたということかと思いますけれども。

私は内容は詳《くわ》しく存じ上げておりませんが、聞くところによりますと、「まだ文系的な視点から見ると、反論としては十分に有効な反論は書けていないのではないか」というのは聞きました。

だから、これがまた同じように、次の〝火あぶり〟のテキストとして使われたら、護《まも》り切れないのに、また同じことが繰《く》り返されるだろうなとは思いますね。

だから、文系の人たちに分からせる……、理系の人も含めて文系の人に分からせるためには、「目に見える証拠」を出さないかぎり駄目《だめ》なので。基本的に発想は今、「警察における事件の立証《りっしょう》」とほぼ同じになっているわけですよ。指紋とか遺留品とかDNA鑑定《かんてい》とか、その他、いろいろ調べて、「この人が犯人であるということは、この証拠から見て間違いないという証拠を出さないでは済まないのだ」という世界になっているわけで。そういうふうに社会全体が洗脳されているわけですね。

ここの部分だけが、「証拠主義」のところだけが、文系・理系を通じて、みんなを納得《なっとく》させることになっているということです。

それで彼女らは、「『新しい治療《ちりょう》法を開発できる可能性がある』ということに賭《か》けてやることは正しいことだ」と思ってやったのだけども、こうした警察的な証拠主義の積み上げのようなものから見ると、まだ立証に隙《すき》があって、十分ではなかった。そこまで固めてから発表しなきゃいけないところを、「いいことだから、オープンにしてもいいか」ということで、漏《も》らしたのが早すぎたために〝火あぶり〟に遭ったんだと思いますね。

そういう意味では、基本的に動機の部分が完全には重視されていない、「動機が正しいかどうか」ということはあまり重視されていなくて、証拠主義的な

「結果主義」には陥《おちい》っていると言えるかもしれません。

ちょっと難しくなったので、言葉を換《か》えるとすれば、すでに、幸福の科学からも（小保方《おぼかた》氏守護霊《しゅごれい》の）霊言《れいげん》は出ていると思いますし（『小保方晴子さん守護霊インタビュー　それでも「STAP細胞」は存在する』『小保方晴子博士守護霊インタビュー――STAP細胞の真偽を再検証する――』〔共に幸福の科学出版刊〕参照）、彼女が自分で書いた本のなかでも、「やろうとしていたことに関して、詐欺《さぎ》的な手段、あるいは世の中を騙《だま》して名誉《めいよ》を得ようとするような心はなかった」ということを言いたかったのだろうと

『小保方晴子博士守護霊インタビュー――STAP細胞の真偽を再検証する――』
（幸福の科学出版刊）

『小保方晴子さん守護霊インタビュー　それでも「STAP細胞」は存在する』
（幸福の科学出版刊）

思われますけども、それについては、「そうであろう」と私も推測《すいそく》しております。

ただ、それが、理科系人脈のなかで周りの人の嫉妬《しっと》を鎮《しず》め、理解ができない文系の人たちを納得させるロジックを組み立てるところまで届いていないところが、まだまだ〝打ち込まれる隙〟はあるところかなと思います。

結論を言えば、要するに、「『みんなが判断できないことに対して、センセーショナルなことを起こした』ということが、彼女の〝罪〟として問われている」ということです。

また、「その動機や将来の結果について、何が本当は見えているのか」ということについては、みんな分かってはいないということですね。

綾織　ありがとうございます。

文系の人間として、何かできることを考えていきたいと思います。

カント　「戦い方を知らない」という面は、はっきり見えるかもしれませんね。どうせなら、「カント哲学《てつがく》」のように、読んでも分からないぐらい難しくものを書いておけば何も批判ができなくなるのですが（会場笑）、分かるところは分かるので、そのへんが難しいところですね。

綾織　はい、ありがとうございました。

QUESTION

Q3 「難民問題」に解決策はあるか

諸岡　尊い機会を頂きまして本当にありがとうございます。

ヨーロッパの難民問題について、質問させていただきたいと思います。

北アフリカ、中東から押《お》し寄せる難民に対して、ドイツのメルケル首相は、昨年（二〇一五年）、全面的な受け入れを表明いたしました。それに対して、ドイツ国民の多くも歓迎《かんげい》の意を表明したわけですが、半年もたたないうちに、経済的な負担や治安の悪化等に耐《た》えかねて、不満の声が上がるようになってきております。

また、最近は、難民の排斥《はいせき》を強硬《きょうこう》に主張するような政党や団体が、勢力を伸《の》ばしてきている状況《じょうきょう》でもございます。

もちろん、難民が出ないような環境《かんきょう》をつくること、整えてあげることが、根本的な解決になることは言うまでもございませんが、それには時間がまだどうしてもかかります。

こうした状況において、「人道的な措置《そち》」を優先するべきであるのか、それとも、「国家の安定」を優先するべきであるのか。どこに正義を求めるべきであるのかを、ご教示いただだ

ドイツへの難民流入に反対するデモ活動は次第に激しくなっている（写真：2016 年 2 月、ドイツ東部ドレスデンでのデモ）。

ければと思います。よろしくお願いします。

「なぜ、難民がたくさん出るようになったのか」を考える

カント　難民のところは「結果論」にすぎないような気がします。そもそも、「なぜ難民が出るような事態に至ったか」のところに問題があるのではないかと思うんですね。

どの人も自分の生まれ育った故郷《こきょう》を離《はな》れたいわけではありませんので、言語の通じない他国にまで行きたいというのは、よっぽどのことがあってのことですよね。

だから、「難民が生じるような事態はなぜ起きたのか」のところに、もうち

ょっと焦点《しょうてん》を当てないと、結果としての難民問題ばかりを追及《ついきゅう》しても、意味はないところがあると思います。

「なぜ、北アフリカから難民がたくさん出るようになったか」についての世界的な枠組《わくぐ》みの検討が、もう少し必要かなというふうに思うんですね。

基本的には、これは宗教的な……、政治と混ざった混乱です。西洋的な価値観で行く自由、「自由」「平等」「博愛」「資本主義的精神」的なものを共有できない諸国家が、次の政治体制を求めて、いったいどう国をつくったらいいかが分からないがために、戦乱が起きたり、いろいろ反乱が起きたりして、迫害《はくがい》されそうな人たちが次々と逃《に》げ出しているという状況ですね。だから、「国の姿として、どうあるべきか」という枠組みをつくらなければいけないのだろうと思うんです。

イスラム圏《けん》の諸国が抱《かか》えている課題とは

カント　もちろん、人道的に、結果論的に、救いようがない人たちを受け入れるかどうかの問題はあってていいとは思うのですけれども、その前に、北アフリカの諸国、「イスラム圏《けん》の諸国」と言ってもいいかもしれませんが、「イスラム圏の諸国の未来はどうあるべきか」について、キチッと考えが出ないと、これは最終的に解決しません。

また、難民の方々だって、自分の母国がきっちりとした治安と政治制度を維《い》持《じ》できるかたちができれば、あるいは、生活ができるシステムを維持できれば、みんな帰っていくところもあるわけですよ。そういう、「戦乱」や「経済的混乱」、あるいは「部族間の争い」や「ゲリラなどの問題」の解決は要《い》るのではないかなと思います。

ですから、第二次大戦後の植民地の解放は、成ったことは事実ですけれども、「解放は成ったが、繁栄《はんえい》までは行かなかった」というところですね。

彼らはニュースにより、欧米《おうべい》諸国や日本などの「現代的な繁栄」を知ってはいるけれども、その繁栄に肩《かた》を並べるようになりたいと思いつつも、どのようにすればそうなるのかが分からないし、文化的な伝統としてのイスラム教や、その土地の風習、考え方を捨て切れません。これを捨てれば、「昔の神の教えに反した」、あるいは、「預言者の教えに反した」ということになる場合もあるので。

つまり、どういうかたちでイスラム教は変化していくべきなのか、あるいは、

「イスラム教は悪魔《あくま》の宗教として捨て去る」というような単純な論理のほうが、客観的に人々を救済することになるのかどうか。このへんの〝踏《ふ》み絵〟が踏み切れていないというところでしょうね。

だから、トルコのような国であれば、イスラム教国だけれども、EUのなかに入ろうとしていることにより、イスラム教国としては、半分は崩《くず》れかかっていますね。

トルコみたいな国もそうだし、たぶん、アジアではインドネシアのような国もそうだろうと

トルコ・イスタンブールのイェニ・ジャーミィ通り。トルコ人は99パーセント以上がイスラム教徒といわれるが、スカーフ等をまったく着けない女性が３割を超えている。

思うのですが、「アジアの繁栄のなかに入りたければ、イスラム教色を強くしすぎた場合、結果的には失敗する。しかし、イスラム教色を弱くしたら、台湾《たいわん》や香港《ホンコン》、シンガポールの繁栄のようなものを享受《きょうじゅ》できる可能性はある」。こういうところの問題でしょうね。

ですから、「宗教を変えることができず、旧《ふる》い宗教が旧い政治体制と一体になっている現状から、どうやって彼らなりの革命を起こし、その革命を着地させるか」というところが、きっちりできなければ、難民問題はまだまだ続いて

中国東部の安徽省《あんきしょう》。高層ビル群のほど近くに広がるスラム街。社会主義国であるにもかかわらず市場経済を導入した中国の経済格差は、日本以上に広がっていると言われている。

いくことになって、結果の処理はどんどん遠のいていくことになると思います
ね。

やはり、経済力もおそらく十分の一とか、二十分の一とか、その程度しかな
い人たちが大量になだれ込《こ》んでくれば、国の治安は乱れるし、犯罪は増えるし、
経済的にも混乱すると思います。

また、啓蒙《けいもう》がなされていない状態で人々が流入してくることにおいては、戦
力にならない人を大量に受け入れるかたちになりますので、受け入れ国にも問
題はいっぱい出るでしょうね。

アフリカの指導者たちには「正しい未来ビジョン」が必要

カント　もちろん、結果論として、事後処理として、義務として一定の比率（の難民）を受け入れて、「それぞれで、頑張《がんば》れ」という考え方も最終的にはしかたがないのかもしれませんが、それよりも前に、「新しい未来国家のつくり方」を、今、出さなければいけないときだと思うんです。

だから、幸福の科学の運動も、実はそのへんのところにポイントはあります。キリスト教とイスラム教は過去、長い戦いをやってきていて、千年以上の戦争の歴史がございますから、そう簡単には和解し切れません。やはり、「正《せい》・反《はん》・合《ごう》」の弁証法的発展として、キリスト教でもイスラム教でもない、「もう一つ上の次元の宗教」が解決の道を示さなければいけないのだと思うんですね。

その意味で、現在のイスラム教にも、ある意味での改革は促《うなが》さなければいけないと思う。「自分らの改革をしつつ、自分らが求めている繁栄を実現するにはどうしたらいいのか」という答えを示してやる必要があると思うんです。

イスラム教国の貧しさは、例えば、原始共産主義の蔓延《まんえん》した地域とまったく同じ現象です。中国は、「共産主義」を唱えつつも経済的には市場原理を取り入れて、今、二分裂《ぶんれつ》しながら走っている状況ですし、それでもないよりはよかったのだと思いますが、いずれ、「政治」と「経済」の衝突《しょうとつ》は中国でも起きるでしょう。

ただ、イスラム教においては、「神の預言者が語った教え」と「現代的な諸原理」との統合を、なさねばならないわけです。

また、今、そういう後《おく》れを見せているイスラム諸国における、「新たな未来国家のあり方」、「未来産業のあり方」、「未来経済、未来政治のあり方」は、キリスト教国のやり方そのものでは受け入れないだろうと思いますので、あなたがたのほうも、そういうものを思想的に提示していくところから始まらなければいけません。

だから、「移民を受け入れて、それをどのように吸収して、国民として消化するか」という問題もありますが、その前に、「啓蒙とは何か」の部分を彼らに打ち込まなければいけないわけです。アフリカの指導者たちの頭のなかに、そうした、「正しい未来ビジョン」がないことが、大きな問題だと思いますね。

やはり、解決する「哲学《てつがく》」が必要です。

〝アフリカ型明治維新《いしん》〟が起きるようになる

カント　「カント哲学」のような少ししか読まれなかったものでも、だんだん大きな流れになって変わっていくように、あなたがたの思想も、アフリカでは今は小さい流れでしかないかもしれないけれども、いずれ、国をつくり直す〝アフリカ型明治維新《いしん》〟がたくさん起きるようになると私は思っています。

そして、自分たちの国がよりよくなれば、そうした難民問題は、「もとの国に戻《もど》って、国をつくり上げていく方向に使われていくべきだ」というふうに考えますね。

だから、フランス革命以降の西洋の近代化、現代化の流れとは違《ちが》った、〝もう一つの流れ〟を今起こして、あるべき未来ビジョンを示すことが、とっても大事です。

なお、難民問題は最後のところで、「人間として最低限の生活ができない人たちがいるのであれば、どのように痛み分けをしながら、それを諸国で受け入れるか」という問題は、この世的な枠組みのなかで考えていけることだし、国際連合等でも、ＥＵ等でも考えるべきことかと思います。それは人間的にアプローチとして可能だけれども、私は原因論のところを、しっかりと治療《ちりょう》しなければ駄目《だめ》なのではないかというふうに思います。

諸岡　ありがとうございます。

QUESTION

Q4 イスラム圏《けん》に必要な改革とは

諸岡　先ほどの質問に付随《ふずい》して、もう一つお聞きしたいことがあります。それは、「イスラム圏《けん》において、未来国家をつくっていくに当たり、西側先進国がどのようにかかわっていくべきなのか」ということに関してです。

例えば、今、難民が多く出ているシリアの内戦の原因は、「アサド政権に反対する勢力に対して、西側諸国が中途半端《ちゅうとはんぱ》に加担したことだ」というよ

『アサド大統領のスピリチュアル・メッセージ』（幸福の科学出版刊）

うにも言われています。それによって内戦が長引き、現在に至っているわけです。

また、リビアにおいても、独裁政権を倒《たお》したあと、いっそう混乱が生まれているようにも思われます。

このように、どうしても西側のほうは独裁政権を「悪」として、「それを倒すことが正義だ」という観点で判断し、反対勢力に対して軍事的な支援《しえん》を行いがちなのですけれども、こうしたかかわり方でよいのかどうか。あるいは、それでよくないのであれば、どのようにかかわるべきであるのか、ということについてもご教示いただければと思います。

「独裁者」を倒《たお》したあとに安定した政治システムをつくるには

カント　ですから、「自由」「平等」「市場経済原理」、それから、「民主主義」。こういうものが世界に広がることが、世界の平和につながり、繁栄《はんえい》につながるという考えが、基本的にアメリカやヨーロッパのほうの中心的な考え方だし、日本も追随《ついずい》していると思うのですけれども。

現状を見るに、国民の民度《みんど》がそこまで行っていない場合、そうしたディクテーターシップ（独裁を可能にする専制主義）、要するに、独裁制は、彼ら（欧《おう》米《べい》）から見れば、〝ファシズムの親戚《しんせき》〟に見えますので、必ず、「悪い」と思って倒《たお》しにかかるのです。

しかし、独裁制を倒したあと、「自分たちで、国を引っ張っていけないレベルだ」ということですね。「混乱よりは、独裁のほうが安定していた」という面でのプラスがあって、古代からそういう独裁国はたくさんありました。

つまり、「いろいろな考えが出されると混乱してしまう」という考え方もあるわけです。

それに、今、携帯《けいたい》電話とか、インターネットとかが流行《はや》ることによって、いろいろな人が意見を発信して、意見の交流がなされて、先進国でやっていることが分かるので、似たようなことをやってみようとして、政治的混乱に拍車《はくしゃ》がかかっているわけですね。

今、必要なのは「啓蒙《けいもう》思想家」をつくること

カント　今、必要なのは、「独裁者を倒す」という意味で、一人ひとりインターネットで情報発信ができる国民の、〝手斧《ておの》を持った革命〟ではないと思うんです。

そうではなくて、「独裁者」に替《か》わる指導体制をつくれるような、「啓蒙《けいもう》思想家」をつくることだと思うんです。そういう啓蒙思想家が出ることによって、新しい考え方が出てきて、それを学ぶ

2011年1月、エジプト首都の中心部にあるタハリール広場での抗議活動。インターネット上で一気に賛同者が増えたことから「Facebook革命」などとも呼ばれる。

ことによって、国民が教育をされていく。そして、国のあり方を考えるだけの原材料が手に入って、それに基《もと》づく建設的な議論がなされて、国家は正常に運営される。

このプロセスを抜《ぬ》きにして、啓蒙を受けていないレベルの人たちが自由な情報発信をしても、それは西洋先進国と同じにはならないということですね。

西洋文明においては、「政治家になった人」と「投票する側の人」とでは、知識レベルや収入レベル等に差があまりなくなってきている。それは「先進国」と言われるところですね。

要するに、「自分は政治家という職業を選ばなかったけれども、意見はちゃんとあります。教育を受け、職業訓練も受け、見識を持ってます。いろいろな、ある分野についての見識があります」という人たちが自分の意見を発信するのと、指導者層にいる人とまったくかけ離《はな》れたレベルの人たちの意見をいっぱい集めるのとでは、違《ちが》います。それでは駄目《だめ》で、こういう指導者層から非常にかけ離れた知識レベルの人たちが、集団を形成して立ち上がった場合は、たいてい「暴力革命」になって、血が流れ、すごく残忍《ざんにん》なかたちになります。

そうすると先進国が必ず介入《かいにゅう》し、先進国の軍隊が入って治安維持《いじ》に当たります。そして、擬似《ぎじ》植民地化してきて、また、自立が一段と後《おく》れるということになるわけです。

それぞれの国に、ある程度の「知識層」をつくれ

カントー私の任務ではないかもしれませんが、新しい世界宗教としての使命は、

あなたがたも一端《いったん》を担《にな》っていると思いますし、イスラム教は現代的に、やっぱり、改革を受けるべき時期は来ていると思います。

しかし、現代的改革を受ける前に、〝原始戻《もど》りの運動〟のほうが強すぎて、これは、「西洋近代の恩恵《おんけい》を受けた人と同じようになりたい」という欲望と一緒《いっしょ》にはならない。

言い方がちょっと難しくなって、申し訳ありませんけれども。

とにかく、「各人の『言論の自由』が尊《とうと》ばれるのは、ある程度の『啓蒙レベル』を経《へ》なければそうはならない」ということで、その前の段階としては、「それぞれの国に、ある程度の『知識層』をつくることを、もうちょっと努力しなければいけない」ということですね。

そういう知識層をつくると、それが「よき政治家を選ぶためのバックアップ」になっていくだろうと思うので、まずは、書籍《しょせき》等を通じての啓蒙をきっちりとやっていくことから始めなければいけないと思うし、その次には、「教育制度の充実《じゅうじつ》」で、そうした教育を受けた人が就《つ》くべき「仕事の創出」です。こういうことが行われた上で、近代化、現代化は完成していくので、まだ歴史的には百年、二百年、早い面があったのかなと思います。

そういう意味では、「南北格差」とか、「世界の不平等」とかもありますけれども、「現状ただいま、全部を同じにしなきゃいけない」という考えには、若干《じゃっかん》の飛躍《ひやく》はあると思います。

例えば、「先進国で捨てられている食糧《しょくりょう》を回せば、貧困国の飢餓《きが》人口のところの食糧に全部を充《あ》てることができて、貧困はなくなるんだ」という考えもありますけれども、おそらく、そういうシステムは簡単には成立しないだろうと思うんですね。

「アメリカで働いて、大量の食糧を買えるようになった人たちが、それを全部アフリカに送るようになる」とか、「アジアに送るようになる」というふうには、なかなかならない。

「一カ所、どこかで不幸が起きる。地震《じしん》が起きる。あるいは、革命で大量の死者が出る。そのあと、復興をする」というような、何か限定された目的であれば、そういうことは可能だと思いますが、「恒常的《こうじょう》にうまくいっていないレベルで、世界でそういうふうな富の循環《じゅんかん》が起きるか」といえば、これはマルクス主義思想しかないわけですけれども、現実は成功はしない。「弾圧《だんあつ》され、圧《あっ》迫《ぱく》される恐怖《きょうふ》の政治が起きて、結局、独裁制とそんなに大きく変わらなくなる」ということですね。

「一冊の本が、国を変える力になる」

カント　だから、「独裁制から、今の自由な民主主義制までの間には、歴史的には百年、二百年という時差が、本当はあるのだ」ということです。これは受け止めないといけないし、先進国にある、社会福祉《ふくし》思想を強く持った方々であっても、この時差の部分は理解しないといけないでしょう。

「現在ただいまで同じにならなければいけない」と思うと、「『銀行に預金を置いている人たちが、銀行泥棒《どろぼう》に入られて、自分の預金をばら撒《ま》かれて、世間《せけん》を救済した』と言われるような議論に納得《なっとく》するか」というのと同じようなことにはなるでしょうね。

私のほうは、どうしても思想家ですので、具体的なところまでは申し上げることはできませんけれども、「まずは啓蒙だ」と。それをギリギリに詰《つ》めていけば、本当に「一冊の本」にまで集約されるかもしれない。

（『カント「啓蒙とは何か」批判』〔前掲《ぜんけい》〕の本を持って）まずは、一冊の本。彼らを啓蒙するための糸口としては、「何が啓蒙になるのか」というところから始まっていかねばならない。一冊の本、二冊の本が、国を変えていく力になるし、アフリカの国のなかで、一つ、それで改革を成功させる国ができたら、ほかの国もそれを学ぶことによって、改革できるようになっていく。手順としてはそういうことではないかと思いますね。

欧米的に見れば、「独裁者さえ倒せばよくなる」と思うのだけど、「それは間違いがある」ということですね。

諸岡　ありがとうございました。

カント　はい。

QUESTION Q5

「格差是正《ぜせい》」の問題点とは

森國　今のお答えのなかにマルクス主義のお話もございましたけれども、私からは「経済的な正義」について質問させていただきます。

長い歴史のなかでは何度も起きていることではありますが、現代においても、「一部の富める者が世界を支配している。その富は広く分け与《あた》えられるべきだ」というような「格差是正論《ぜせいろん》」「分配的正義論」といったものが頭をもたげているると思います。

例えば、トマ・ピケティ氏の著作が流行《はや》ったり、現在進行形で行われている

●トマ・ピケティ（1971～）　フランスの経済学者。世界の税務データ分析に基づき、富裕層への課税による格差是正等を主張。主著『21世紀の資本』等。

アメリカの大統領選挙において、民主党のバーニー・サンダース氏が、格差是正の色合いが強い訴《うった》えを続け、ヒラリー・クリントン氏に匹敵《ひってき》する支持を集めていたりしています。また、日本国内においても、日本共産党等の政党が、そういった声の受け皿になっているように思います。

国家レベルの大きな社会では、基本的に分配的正義より、二宮尊徳《にのみやそんとく》の精神のような自助論が王道であるべきだと考えておりますが、「政治や社会構造のせいで、豊かになるチャンスをな

2016年2月4日、ニューハンプシャー州で行われた討論会に参加するクリントン前国務長官（右）とサンダース上院議員（左）。

かなかつかめない」といった声も多いように感じております。

現代における「経済的正義」というものを、カント先生はどのように描いていらっしゃるか、お教えいただければと思います。

人間としての努力の結果生まれた「アメリカの繁栄《はんえい》」

カント　認識が世界にまで及《およ》ぶ時代になったために、今まで見えていなかったものが見えてきているのが現代ですね。

昔のように、テレビもなく新聞もなくということであれば、世界の各地で起きていることを知らないので、自分の国のことだけを考えておればよかったのですけれども、いろんな情報が入ってくるにつれて、やっぱり、共時性のなかで、「何かしなきゃいけないんじゃないか」という義務感が生まれてきているということは言えるだろうと思うんですね。

ただ、もう一つ考えなければいけないことは、例えば、アメリカ大陸というものがありますけれども、あれだけ広大な土地を持ち、豊かな資源を持った大陸でも、少数のネイティブ・インディアンが住んでいただけで何らの経済的発展もなかった時代が、ずっと長らく続いていた。それが、イギリスあたりからピルグリム・ファーザーズ（最初にアメリカ大陸に渡《わた》った清教徒《せいきょうと》）たちが入植《にゅうしょく》することによって、新しい街の建設をし、開拓《かいたく》をし、西部へ進出をし、国全体をつくってきたという流れがありますよね。

そうした「豊富な資源」と「広大な国土」があったからといって、それで富むわけでもなければ、豊かになるわけでもないのであって、人間的な営為《えいい》が加わって初めて、産業やいろんなものが出来上がって、大きくなっていくものだということですね。これを知らなきゃいけない。

だから、アメリカという大陸そのものを見ても、貧しくあることもでき、豊かになることもできる。その途中《とちゅう》に入ったのは、人間としての努力であり、新しくヨーロッパから移ってきた人たちが「ゼロ」から始めて積み上げてきた努力が富を生み、新しい入植者を生み、子孫《しそん》を増やし、産業を起こして、世界のリーダーになっていったという歴史があるわけです。そうした

1620 年、信仰の自由を求めてイギリスからアメリカに渡ってきたピルグリム・ファーザーズ。プリマス（現在のマサチューセッツ州）に入植してから、翌年、ようやく初めての収穫を迎え、「最初の感謝祭」を行ったという（画：ジェニー・オーガスタ・ブラウンズクーム）。

歴史を持っている国民が誇《ほこ》りを持つのは、当然のことではあろうと思うんですね。

そういうことがありますので、世界で起きていることが同時に分かるようになったがゆえに、そうした繁栄《はんえい》への〝罪と罰《ばつ》〟の感じが強く出てきていることは事実だとは思いますが、「(仮に)アメリカの繁栄がなかったところで、世界が富んでいるわけでは決してない」ということは知っておいてください。

世界が「ネイティブ・アメリカン」のレベルであり続けている時代が、ずいぶん長かったということは、知っていただきたいなと思っています。

「結果だけの再分配」によっては世界は豊かにならない

カント　ですから、私はですね、そうした「資本主義の原理」を取り入れて、勤勉に働いて富を蓄積《ちくせき》し、産業を大きくするところまで行くことは、けっこう、光の当たった偉大《いだい》な国家の成立過程と関係があると思うのですが、世界が同時にそういうふうになるかといえば、そう簡単にはならないだろうと思っているんですね。

だから、日本が力を持ったのも、やはり、「この近代の、百五十年余りの日本人がかなり努力をした成果だった」というふうに思うんです。

したがって、百年、二百年の歴史で、営々《えいえい》とその国の人たちがつくり上げてきたものの、「最終の成果」だけを、いろいろなところが「分配せよ」と言うのは、必ずしも世界的な正義であるとは、私は思えない。

考え方においては、「繁栄が正義である」という考えもあるが、別の考えであれば、「足るを知る」といいますか、「少欲知足《しょうよくちそく》の生き方」というのは、長らく人類を支配してきた原理の一つでもあります。

原始のままで、植物や、あるいは家畜《かちく》と共に暮らしながら、百年前、二百年前、三百年前と変わらぬ生活をしていたのが、長らく続いてきた歴史であるわけですね。そのなかの一カ所でイノベーションが起きて、発展が起きてくる。

これについていくためにはどうすればいいかということですが、基本的に、「それについていこう」と思う人がいて、次のリーダーがそこから出てきて導いていくのが、順序だと思うんですね。

だから、「結果だけの再分配」によっては、たぶん、世界は豊かにはならないでしょう。そうして教えた〝豊かさ〟は、かえって〝新しい悪〟を生むようになるのではないかと思いますね。

例えば、後進国であれば、各家庭でテレビを観《み》るようなことはできないでありましょうけれども、先進国からテレビという機械、〝電気箱〟を各家庭に配って、それで済むかといったら、たぶん済まない。送電線が必要になり、さらに発電所が必要になり……、いろんな技術が必要になってきますね？　それに、そうした労働力も必要になってくる。

結局は、国づくり全体がかかわってくることで、何かを配ることによって、それで贅沢《ぜいたく》になったり、豊かになったりはしない。

コンピュータの機械、パーソナルコンピュータを各家庭に配ったら豊かになると思うのはアメリカ人の発想であって、アフリカ人や、あるいはアジアの一部の人たちは、そんなことによっては豊かにならない。洞窟《どうくつ》のなかで生活している人たちは、パーソナルコンピュータをもらったところで、何の役にも立たない。必要なのは、水の手に入れ方とか、食糧《しょくりょう》の手に入れ方とか、そういう問題ですね。

だから、その「分配的正義」は、すべてを癒《い》やすとは思えないということです。そういう義務感や犠牲《ぎせい》的精神、あるいは騎士道《きしどう》的精神から「救いたい」と思う心は、尊いとは思うのですけれども、たとえ、どのような財閥《ざいばつ》であっても、資財を全部はたいたところで世界の貧困を消せないのは間違《まちが》いありません。

自《みずか》ら立ち上がって、自らの国民を引っ張っていく人が出ることは大事ですが、その前の段階としては、やはり、個人でもいいから、「どうすれば新しい仕事を成功させて、富を形成できるのか」ということを、その国のなかでやってみせる人が出ることが大事です。

その意味では、そうしたピケティ論的なものが入りすぎると、「後《おく》れてきた国家における資本家の輩出《はいしゅつ》を妨《さまた》げることもありえる」ということは、知っておいたほうがいいのではないかと思います。

ですから、先進国の成功の「ヒストリー（歴史）」と「ストーリー（筋書き）」を勉強することはとても大事ですけれども、「結果平等」を理論的にのみ推《お》し進めるのは、結果的には世界の破滅《はめつ》に向かっていくことになるのではないかと、私は思っています。

「平等」と「公平」を峻別《しゅんべつ》できているか

森國　少し具体的な質問もさせていただきたいのですけれども、今は、「国家間での分配的正義」についても、大きな議論が起こっているのではないかと思っております。

例えば、ＥＵとドイツ、もしくは、日本と中国、韓国《かんこく》の関係においても、いろいろと思想的な問題もあるとは思うのですが、経済面での分配や格差の問題も背景にあるのではないかと考えます。

また、もう少し大きなところでいきますと、キリスト教とイスラム教の対立の根底にも、経済的格差をいかに克服《こくふく》していくべきかというものがあると思うのです。

こうした国際政治のなかでの「経済的正義」について、今後、どのように考えていけばよいのか、よろしければお教えいただければと思います。

カント　やはり、哲学的《てつがく》には、「『平等』と『公平』について峻別《しゅんべつ》できるかどうか」ということは、非常に大きなことじゃないかと思うんですね。

今、ＥＵということで、ヨーロッパの国が二十カ国余り集まって共同体をつくってはおります。電車でつながり、道路でつながっておりますから、「どこも同じようにならなければいけない」と思いがちではあります。

しかし、例えば、ドイツの国民は勤勉に働いている。一方、南国のほうのヨーロッパの人たちは「シエスタ」といって、昼寝《ひるね》を二時間も取っている。だから、昼も家に帰って、腹いっぱいご飯《はん》を食べて昼寝をしている。これで「経済的には同じ結果を持っていなければおかしい」という考えを出してくるならば、ドイツ国民が怠《なま》け始めること

シエスタ中の様子。正午から午後３時ごろまでは、商店や企業の多くが休業し、街から人がいなくなる。（写真：シエスタ発祥の地とされるスペインの街並み）

に必ずなるだろうと思うんですね。

だから、「チャレンジしていく面での平等性」はあっていいと思うのですけれども、実際に「勤勉に働いた者」と「働いていない者」とを同じに扱《あつか》うというのは、やはり無理があると思うんです。

ドイツ人が蓄積した富を、そうした昼寝をして働かず、新しい産業を起こそうとしない人たちに〝ばら撒《ま》く〟ことで正義が実現されるという考えには、一定の疑問はある。それは、「平等」だけがあって「公平」がないからです。

もし、ドイツ人が、「自分たちが儲《もう》けすぎたために、カトリック国の、そういう昼寝をする社会等に（お金を）撒かなきゃいけないということであれば、ちょっと寒いけれども、ドイツのみんなにも昼寝をする習慣をつけて、あまり稼《かせ》がないようにする」というように対抗《たいこう》し始めた場合、結局は、それで平等にはなるかもしれませんが、幸福度が増すかどうかは分からない。

だから、われわれが考えなきゃいけないことは、「『平等』と『公平』の両方をきっちり見ないと、『公平』の価値は失われがちである」ということですね。

同じ二百万円をカントと原始生活の人に与《あた》えたら、どう違《ちが》うか？

カント　例えば、私カントに、千冊の書物を手に入れるだけの富があるということと、洞窟生活をしていて本を読む習慣のない人に、千冊の書物を買える富が与《あた》えられるということでは、この富の意味は違うということは知らねばならないと思うんです。
私に千冊の書物を買う富が与えられることは、人類にとって大きな価値を生み出すチャンスになるわけですから、この千冊分の本を買うお金……、幾《いく》らでもいいですが、今、一冊二千円とするならば、二百万円ですか。わずか二百万円のお金であっても、カントの手に渡って、それが千冊の良質の書物を買う資金として与えられた場合には、これは、非常に生産性が高く、人類に貢献《こうけん》するものになります。

しかし、その二百万円を、例えば、単に牛肉を買って、部族みんなにばら撒いて食べるだけで終わりにしたら、どうでしょうか。二百万円で牛一頭を買ってきて、それを割《さ》いたら、たぶん一部族まで行き渡らなくて、家族、親類あたりの二、三十人で集まって、牛一頭を食べたら終わりになると。生産性としては、これで終わりになります。もちろん、活力にはなるかもしれない。槍《やり》を取って、明日《あした》の獲物《えもの》を獲《と》りにいく活力にはなるかもしれないけれども、それ以上のものにはならない。

そういうふうに、「富」といっても、富の「生産性」「有効性」はいろいろかたちがあります。

このへんについては、智慧《ちえ》の介在《かいざい》と、やはり、「神の見えざる手」的ないろんな動き方は必要だと、私は考えております。

「シンプルな理論で世界を統一しないほうが人類は幸福」

カント　あまりにも格差が大きくて、封建《ほうけん》制のようなものが固まり、生まれつきにおいて、王侯《おうこう》貴族と貧民階層が固定されたような時代が長く続くようであれば、チャンスそのものが奪《うば》われておりますから、こういうものに対しては、

「平等」の圧力はかけていくべきだと思うんですね。

さらに、王侯貴族に生まれた者が、単なる善良な人ならよろしいけれども、人々は、凡庸《ぼんよう》であることには耐《た》えられても、やはり、悪質であることには耐えられないと思うんですね。

だから、王侯貴族に生まれた方が凡庸であることには、何とか耐えると思います。しかしながら、これが悪をもたらす、つまり、人々を弾圧《だんあつ》したり残虐《ざんぎゃく》であったり、人の上に立つようではない、道徳的退廃《たいはい》をたくさんもたらすような人であった場合は、許しがたいものとなります。歴史上の宗教家は、こういう人を〝倒《たお》す〟ために出てきていることが多いと言えますね。

したがって、社会の制度、システムとして、本人の努力ではどうにもならないようなものが、「文化的な伝統」や「法律的な制度」、あるいは「宗教的戒《かい》律《りつ》」も含《ふく》めて存在しているならば、これを「平等」にしていくための努力、風《かざ》穴《あな》を開けていく努力は必要。しかしながら、各人の、あるいは集団としての努力における結果については、やはり、ある程度「公平な見方」もできなくてはならない。

また、一部については、もちろん、再分配ということが現代の知恵《ちえ》として働くことはあるけれども、どのような大富豪《だいふごう》をもってしても、世界の貧困を埋《う》め尽《つ》くすことはできない。たとえ、ビル・ゲイツをもってしても、アフリカの貧困を消すことはできないということは、知らなければいけないと思いますね。

だから、やはり、「人間として、魂《たましい》を持ってこの世に生まれた者のやるべき仕事というのはある」というふうに思わなきゃいけない。

私の考えは、ちょっと思弁《しべん》的なものになって分かりにくいとは思いますけれども、あまり「シンプルな理論」で世界を統一しないほうが、人類は幸福だと思います。「シンプルな理論」は非常に分かりやすいのだけれども、場合によっては、その例外の部分を全部〝押《お》し殺していく力〟になることがありますので、そこは要注意だというふうに考えねばならないと思います。

森國　ありがとうございます。

QUESTION Q6 「アメリカ型経済」と「中国型経済」の行方《ゆくえ》は？

鈴木　カント先生、本日は貴重な機会を賜《たまわ》り、本当にありがとうございます。引き続きになってしまって恐縮《きょうしゅく》なのですが、私からは、現実の経済について質問させていただきます。

昨年末のＦＲＢ（米連邦《れんぽう》準備制度理事会）による利上げから始まり、今年に入ってからは、原油価格の下落《げらく》、また中国経済のバブル崩壊《ほうかい》の兆候《ちょうこう》などによって、世界経済の見通しが非常に不透明《ふとうめい》な様相を呈《てい》していると考えられます。そうしたなかで、日本経済の舵取《かじと》りもかなり難しくなっている時期だと思うのです。

そこで、もし、カント先生から見て、「今後の日本経済やそれを取り巻く世界経済が、どのような流れになっていくのか」という見通し等がありましたら、お教えいただければありがたいと思います。よろしくお願いいたします。

カント　なかなか難しいことをおっしゃいますね。全部答えるのは、私の本意じゃございませんので……。

（鈴木に）あなたは、どう見てるんですか？

鈴木　そうですね。マクロの話になってしまうかもしれないのですが、やはり、戦後の流れを見ると、「アメリカが決めた国際経済体制があって、世界が、その大きな流れに乗って進んできた」という面があると思います。

そうしたなかで、日本も高度経済成長を経験し、一九八〇年代には、このまま、「ジャパン アズ ナンバーワン」ということで行けるかと思いきや、そうしたアメリカ中心型の経済、例えば、●BIS《ビス》規制など、そうしたものによって、ある意味でジャパンマネーを潰《つぶ》すというか……。

カント　うん、うん。

鈴木　そして、日本のバブルが崩壊して、デフレ不況《ふきょう》に陥《おちい》ったという流れがあるかと思うのです。

また、そうした欧米《おうべい》中心型の経済に対して反発しているのが、中国などの国

● BIS 規制　バーゼル銀行監督委員会が公表した「国際業務を行う銀行に課した自己資本比率規制」のこと。G10 諸国を対象に自己資本比率 8%を達成できない銀行は、国際業務からの撤退を余儀なくされることになった。日本では 1993 年 3 月末から適用が開始された。

なのかなと考えます。

そうした流れのなかで、例えば、中国から、「元《げん》を国際化していこう」というような流れが出てきたり、ＡＩＩＢ《エイアイアイビー》（アジアインフラ投資銀行）の構想が出てきたりしているのではないでしょうか。

やはり、日本としても、これからの新しい時代の経済ビジョンといいますか、世界経済秩序《ちつじょ》のようなものを積極的に打ち出していく必要があるのではないか。今後の世界経済的なフィロソフィー（哲学《てつがく》）を確立していくなど、そうしたことが非常に大切になっていくのではないかと、個人的には考えています。

「政治」と「経済」は別のものか、統合されるものか

カント　大きなテーマを掲《かか》げておられるようですので、お答えにはなかなか難しいところがあるのですけれども、その背景には、やはり、「政治」と「経済」の関係というか、「政治と経済は分離《ぶんり》されるべき別のものであるのか。それとも、統合されるものであるのか」というような、哲学的な問題があるように感じられます。

アメリカの経済的な考え方は、「政治と経済は、ある意味で一体化している」というものだと思われるのですが、中国的なものなんかは、政治と経済を、ある程度分けて考えようとしているわけですね。

つまり、中国的な考えは、「政治と経済を分けて、政治においては専制政治的で独裁的な一党支配がありえると同時に、経済的には、各人の自由競争による市場経済が行われて、富が蓄積《ちくせき》される」というものですが、「それは、本当に成立するのかどうか」というのが、一つ哲学テーマとしてはあると思います。

一党独裁で〝賄賂《わいろ》経済〟の中国の未来は？

カント　アメリカンモデルとしては、やっぱり、「政治と経済は連動しているものであって、そうした個人が財産をつくっていける力が増すと、政治的発言力も増していくのだ」という考えですね。今、アメリカンモデルに行き着いているものは、こういうことです。

「財産権の独立」というのは、「政治的な発言の独立」と極《きわ》めて関係があることですね。ですから、政治的に財産を奪《うば》える体制が出てきたら、（国民は）財産を奪われて、「言論の自由」とか、「出版の自由」とか、「移転の自由」とか、「職業選択《せんたく》の自由」とか言われても、基本的には何もできなくなります。このへんの加減ですね。

中国が政経分離でうまく成功しているように見えて、それをまねしようとする国も出てくるとは思うけれども、「はたしてこれが正しいのか」という問題があります。

その結果が、今どこに出ているかということですが……。中国は共産党の一党独裁政治で、八千万人からなる共産党員がいるけれども、そ

中国浙江省温州市副市長だった楊秀珠は約40億円（2億5000万元）の収賄容疑で国際指名手配され、拘束された。

の汚職《おしょく》・腐敗《ふはい》が非常に進んでいると言われています。

例えば、一市長、市レベルの長《ちょう》で四十億円とか、そういう賄賂《わいろ》をもらえて、蓄《たくわ》えられるようなことが起きている。

ところが、日本の大臣は、「五十万円をもらった。百万円をもらった」と週刊誌に書かれたら辞任しなきゃいけない（注。二〇一六年一月二十八日、甘利《あまり》明《あきら》経済再生相は、週刊誌で報じられた現金授受疑惑《ぎわく》を受け、大臣を辞任した）。

これを見た中国の人たちは、「そんな百万円ぐらいのお金で辞《や》めるんですか!?」ということで、衝撃《しょうげき》を受けているんです。中国では、その程度の賄賂はもっともっと小役人でもらえるわけで、市長なんかのレベルは、何十億円ももらえます。「中国では、担当の役人ぐらいで、百万円程度の賄賂はもらえるのに……」と。

要するに、中国は、自由主義市場経済をやっているように見えながら、実は政治的には、一党独裁のところが賄賂を吸収できるシステムが今、できているわけですね。

十三、四億人いるなかで、八千万人のエリート層が、資本の利潤《りじゅん》の部分を吸い上げていて、自分の私腹を肥《こ》やし、実は、オーストラリアやアメリカ、カナダ等に、自分の貯金を移動させたり、豪邸《ごうてい》を持ったり、家族を逃《に》がしたりして防衛に入っている。

こういうシステムを見るかぎり、「中国モデルは近いうちに崩壊する」ということは、ほぼ明確ですね。

個人の「経済的自立」と「政治的自立」は一致《いっち》させるべき

カント　やっぱり、アメリカンモデル的に、「個人が経済的に自立して、自分の足で立てるようになることは、政治的自立と一致《いっち》する」という考えが、基本的には正しい考え方なのだと思います。

だから、「政経分離でも繁栄《はんえい》できる」という哲学と、こうした、「政経は一致して連動していくもので、自由主義の市場経済は、自由な個人による富の創出と非常に密接な関係があるのだ」という哲学がぶつかっていると思う。

また、ここに、ピケティ理論のような、世界を「平等」にするように圧殺《あっさつ》していくパワーも加わっていくと、どちらが正しいのか非常に分かりにくいことになります。それは、豊かな富を上から押《お》し潰《つぶ》し、下のほうに均霑《きんてん》というか、均《なら》そうとしている経済理論なのだけれども、実際の共産主義国を見ると、そうした一定の排他《はいた》的な思想を持った一部の集団が、富の一部をピンハネしているというかたちになっていて、懐《ふところ》を肥やし、私腹を肥やしていることになっているわけです。

これは、ある意味で「封建《ほうけん》制」と同じでしょう。昔は、農民から米を巻き上げていたところを、今は、農民は減ったかもしれないが、商人階級からたっぷりと賄賂をもらって、役人が食べているという状態になっています。

これに対しては、毛沢東《もうたくとう》革命に対する〝反革命〟として、新しい革命が必ず起きるもんだと思う。

習近平《しゅうきんぺい》体制とは、「毛沢東体制を礼賛《らいさん》して、同じよ

天安門広場で売られている習近平国家主席（左）と毛沢東元主席をあしらった土産物。

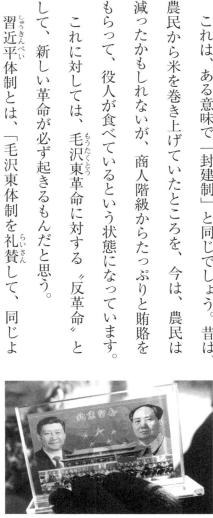

うになろう」というもので、今、そうしようとしていますが、必ず、この体制は壊《こわ》される。私は、そういうふうに思います。

ですから、基本的には、「個人の自助努力による富の形成と、政治的意見の増大とは連動させるべきだ」と思うし、そのなかで、リーダー的な人が、複数の世論《せろん》をだんだんに整理していくべきだと思います。

そして、最終的に決められないものについて、「神のお考え」のようなものを出す宗教が今、求められているという考えを持っています。

「イスラム教」の世界には経済理論が不足している

カント　中国経済も基本的には崩壊すると見ていますが、「イスラム教の世界」

での経済というのも、もともと経済原理がないので……。

ほかの世界には経済原理がありますから、それに類似《るいじ》したものをつくろうとはしているわけですけども、基本的に、イスラム教においては、経済理論が圧《あっ》倒《とう》的に不足しているので、やはり、その不足を認めて取り入れなければいけないと思いますね。

これには、ある意味で、政教分離的なものを、もうちょっとはっきりさせないといけない部分があるかと思います。

「貧しさの平等で、全知全能の神が抑《おさ》え込《こ》む」というスタイル以外、今のところ考えられないですね。「全知全能の神に代わって、皇帝《こうてい》ないしは、それに類似する独裁権力が支配する」というスタイルが、今のイスラム教には非常によく合うスタイルです。

もし、それが今、経済的な不平等を生み、貧困を生んでいるというなら、ここに対して、政治体制の変革が起きるのは当然のことだろうと思うし、起きないのは唯一《ゆいいつ》、石油によって非常に豊かで、税金をほとんど払《はら》う必要もない国、税金がなくてもやっていけるような国でしょう。そういう国はイスラム教国のなかにもありますので、そういうところにおいては、政治は比較《ひかく》的安定していたのだろうとは思います。

ただ、それがいつまでも続くとは思いません。

例えば、石油に関しても、アメリカのようなところで、シェールオイルのようなものが出てき始めて、「新しい石油」の増産がなされる。あるいは、石油の代替《だいたい》エネルギーが、いろいろなところで開発されるようになってくる。そして、もし、良質で低コストのものが出てくれば、石油が生み出すところの国富《こくふ》というものは、非常に小さなものになっていく可能性はありますね。

そのときには、国体が崩《くず》れることは起きると思いますので、いいことがいつまでも続くとは思いません。

あなたのご質問は非常に現代的で難しいですので、私には答えかねるものがあるのですが、哲学として基本的には、そのように見通していると考えてくださって結構です。

鈴木　ありがとうございました。

QUESTION Q7

「恒久《こうきゅう》平和」を実現するための哲学《てつがく》とは

榊原　本日は尊い機会を賜《たまわ》り、まことにありがとうございます。

私たちが国際正義を追求する目的の一つとして、「平和」の実現があると思います。今、グローバル時代に当たり、今後の世界の「恒久《こうきゅう》平和」の実現について、ご意見、お考えをお聞かせいただければと思います。

カント様からは、ご生前、「恒久平和」（『永遠平和のために』）という偉大《いだい》なる思想を頂き、それが

国際連盟のもとになる思想が提示されているカントの『永遠平和のために』（ドイツ語初版）。

後々《のちのち》の「国際連盟」の思想上の創始に当たっていると言われていると思います。

現在、「国際連合」が平和維持《いじ》のための、唯一《ゆいいつ》の紛《ふん》争《そう》調停の機関になっていますが、この国連に対してのお考えなどもお聞かせいただければと思います。

よろしくお願いいたします。

国際連合の「軍事的パワーの担保《たんぽ》」に伴《ともな》う「核《かく》兵器の問題」

カント　それに答えるに当たっては、現代では、やはり、「軍事に対する考え方」や「核《かく》兵器の問題」に触《ふ》れざるをえないのかなと思っています。

国際連盟は第一次大戦後の1920年に設立された国際機関。アメリカ合衆国・ウィルソン大統領によって提唱され、世界平和の維持と国際協力の促進を目的とした。本部はスイスのジュネーブ。国際連合の成立により1946年に解散した。（写真：1920年スイス・ジュネーブで開催された国際連盟第一回総会の様子）

これは、今、人類の叡智《えいち》が試《ため》されているところだと思います。

「国際連盟」をつくっても、うまくいかなかった理由は、軍事的な担保《たんぽ》がなかった点でしたね。そういう意味で、「国際連合」においては、軍事的なパワーによる担保がついていて、紛争を解決する実行力がついたということになっています。

ただ、その「軍事的なパワーの担保」というところですが、国連の常任理事国の五カ国（米、英、仏、ロ、中）は核大国になっていて、あとは〝縄抜《なわぬ》け〟をするように、幾《いく》つかの国が核武装をしていっており、「どこまでが許されて、どこからが許されないのか」という問題は出て

多国籍メンバーで構成されている国連軍。

きているわけですよね。

だから、「パキスタンが核を持てば、インドも持つ」というような、両方、どちらも相手を滅《ほろ》ぼせるように自衛するかたちになる。

あるいは、「イスラエルには核兵器が許されて、イランには許されないのかどうか」、これははっきり言って、非常に難しい問題でしょう。その立場に置かれたら、「自分たちのほうが不利だ」というのは、どうしても考えられないことですよね。

ただ、「アラブ諸国に核兵器がなくて、イスラエルにはあっていい」という考えをアジアに持ってきて、「北朝鮮《きたちょうせん》は核兵器を持ってよくて、韓国《かんこく》や日本は持ってはいけない」ということになるの

『イラン大統領 vs. イスラエル首相――中東の核戦争は回避できるのか――』（幸福実現党刊）

だったら、ここもなかなか納得《なっとく》がいかないところでしょう。「持つことができない」のと「持たない」のとでは、意味が違《ちが》いますからね。

そういうことです。

オバマ大統領の判断の遅《おく》れが善悪を「逆転」させた

カント　それから、現代のアメリカ大統領のオバマさんは、「核のない世界をつくろう」ということで演説もなされ、実践《じっせん》も多少なされてノーベル平和賞を取られたけれども、結果的に、現在はアメリカの退潮《たいちょう》で軍事的介入《かいにゅう》がすごく遅《おそ》くなったために、紛争が拡大して、考えられないような事態も起きていますよね。

本来のアメリカであれば、アクションは早いですから、シリアなんかを捉《とら》えてみれば、アサド政権が化学兵器によって、住民を殺戮《さつりく》しているのを見たら、アメリカ軍は当然ながら、アサド政権を倒《たお》すために軍事力を行使したはずです。

ところが、現在の大統領が軍事的行動に対して非常に〝腰《こし》が引けて〟いる状況《じょうきょう》であるので、ズルズルと長い間引っ張っているうちに、今度は逆に、弾圧《だんあつ》されていた国民の側が「イスラム国」などのほうと提携《ていけい》して、自分たちの住みかをつくろうとし始めた。

そうしたら、今度は（アメリカが）「ロシアとも一《いっ》緒《しょ》になって、結果的に、アサド政権の側を〝護《まも》って〟、

化学兵器が住民に対して使用された疑いのあるシリアで査察を行う国連と化学兵器禁止機関（ＯＰＣＷ）。

イスラム国のほうを攻撃《こうげき》する」というようなかたちになって、時差が善悪を引っ繰り返すようなことだって起きていますわね。

だから、「スンニ派のイスラム教徒が、今、自分たちの国をつくろうとしているのに対して、欧米《おうべい》の核大国がみんな空爆《くうばく》を加える」というようなことになって、政治家の判断の遅れが善悪を逆転させるようなことも起きている。

現時点では、「軍事力の担保《たんぽ》」なくして平和は維持《いじ》できない

カント　今、（イスラム国という）新しい国をつくろうとしている人たちには、かつてアサド政権によって化学兵器で攻撃されて、殺された側の人たちも含《ふく》まれています。そうした人たちがつくろうとしている国だから、世界各国から義

勇兵がたくさん集まっているわけですね。

例えば、インドネシアからも（イスラム国に）何百人もの義勇兵が来ている。インドネシアという離《はな》れたところから、わざわざ、ああいう危険なところに義勇兵が来るというのは、一定の理由があるからですね。「〝スンニ派の殲滅《せんめつ》〟ということに対して耐《た》えられない」という大義があるからでしょう。

このへんについては、キリスト教国のほうは、シーア派もスンニ派も区別はつきません。「単にテロリストかどうかという判断しかしていない」というようなことが起きているわけですね。

だから、「暴力を行使しない。軍事力を行使しない」ということは、一般《いっぱん》的には「善の行為《こうい》」に見えるのだけれども、逆に、地上的な善悪を逆転させたり、被害《ひがい》を拡大させたりするようなこともあるわけです。

●シーア派とスンニ派　イスラム教の二大宗派。ムハンマドの言行録である『ハディース』を行動規範として重視するスンニ派に対し、シーア派はムハンマドに連なる血統の最高指導者（イマーム）を重視し、イスラム教４代目カリフであるアリー・イブン・アビー・ターリブを初代イマームとしている。

つまり、現時点では、世界の諸情勢を見るかぎり、「軍事力の担保《たんぽ》なくして、平和の維持《いじ》ができるとは思えない」ということですね。

極《きわ》めて難しい「核《かく》兵器の保有」に関する哲学《てつがく》

カント　さらに、「核《かく》兵器の保有」に関する哲学《てつがく》は極《きわ》めて難しいでしょう。

弱小国ながら核兵器を持とうとしているところは、「通常兵器をもってしては、大国の侵略《しんりゃく》をとても防げない」と見て、核兵器の開発を急いで、「これを持っているから自分の国は護られるんだ」という哲学を、きっと持っている。それには一定の正しさがないわけではない。彼らの立場に立てばね。

しかし、近隣《きんりん》の諸国で、核兵器を持たずに自制している国にしてみれば、

「あれほど貧弱な国が核武装をしているということに、われわれは耐えなければならないのか」というプライドの問題、あるいは、実力の問題からして、「フェアネス（公平）の観点から見て、これはおかしいのではないか」という考えは、当然あるわけですよね。

これが、これから迫《せま》ってくる大きな問題になると思います。次の「アメリカの大統領選」も加え、さらに、「日本の政局の流れ」も加えて、大きな問題でしょうね。

もちろん、私は、長期的な視野としては、それぞれの国が独立国家として自分たちの領土を護り、そのなかの国民を護れる程度の自衛力を持った軍隊を持つことぐらいは、あってしかるべきだとは思います。

また、将来的にも、まだ国の垣根《かきね》がなくなるまでは、そういうことは当然あるだろうし、国の垣根がなくなったとしても、警察機能として何らかのものは絶対に必要だろうとは思っています。

しかし、一方では、「地球を何百回も破壊《はかい》できるような核大国が現に存在し、ゲリラ的に核装備をした国がたくさん出てこようとしている現状をどう思うか」ということに関しては、やっぱり、大きな大きな問題だろうなと思うんですね。

人類は今、「核《かく》兵器を使うか、なくすか」の決断を求められている

カント　この問題については、日米同盟もある関係上、日本はとても言いにくいことにはなっております。

ただ、あなたがたの言葉で言えば、先の大東亜《だいとうあ》戦争というのは、日本の神々が植民地解放戦争として肯定《こうてい》していた戦争であったにもかかわらず、欧米、特にアメリカに敗れるという結果になって、日本は敗戦国となりました。

そういうことで、占領国《せんりょうこく》の価値観を受け入れて、日本の改革を行《おこな》って、戦後「戦わない国」をつくったところが、朝鮮戦争を過ぎて、結局は再武装せざるをえない状態が起きたわけです。

また、自衛隊をつくる前に、「韓国に一方的に李承晩《りしょうばん》ラインを引かれて、竹島《たけしま》をその領

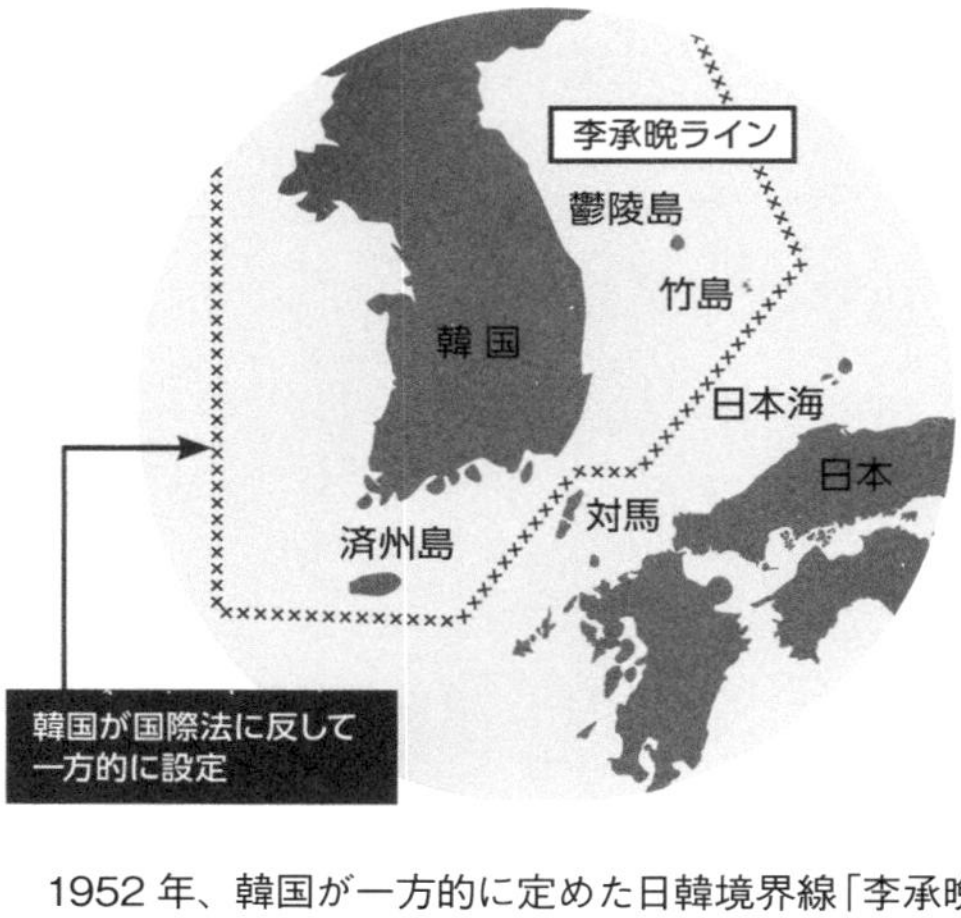

1952年、韓国が一方的に定めた日韓境界線「李承晩ライン」。日本政府は竹島問題に対し、詳細な反論資料を公開している。（上図：外務省発行「竹島――法と対話による解決を目指して」から）

土に組み入れられる」というようなことになりました。事実上、日本の領土の一部を〝盗《ぬす》まれた〟わけで、「軍隊がない」ということは、そういう悲しさがあるということですね。

そういうわけで、警察的機能を持った軍隊は、自立的な国家としては必要だと私は思います。

しかし、核《かく》兵器を伴《ともな》う部分については、人類は勇気を持った決断をしなければならないでしょう。

つまり、「核兵器を使用する方向に行くか。なくしていける方向に行くか」ということです。オバマさんは、「大国などの核の数を減らそう」という交渉《こうしょう》をなされましたし、実際に、古い核兵器については、スクラップにされているものもかなり出ていると思います。

ただ、数が減ったからといって、それで危険がなくなったわけではなくて、やはり、大国は何千発も持っている状況です。これは、数百発持っていても、十分に人類の多数を殺せるぐらいのものですので、それでいいかどうか。数を減らしただけで済むわけではないですよね。

「北朝鮮《きたちょうせん》」や「中国」への対応時に考えねばならないこと

カント　それから、北朝鮮《きたちょうせん》のような国をどうするか。これを「核を持つことは許さない」と制裁するとして、その正義の根拠《こんきょ》をどこに求めるのか。これは、なかなか難しいことでしょう。

これを求めるに当たって、やはり、「指導者が狂気《きょうき》を含んでいる」ということを、西洋社会はＰＲしているわけですね。

あるいは、先のイラク戦争等では、「サダム・フセインが大量破壊兵器を持っている」ということで、「そうした狂気の人物にそういうものを持たせていることは危険であるから、占領しても構わない」という理論でやってみて、かなり悲惨《ひさん》なことも起きたのではないかと思いますけれどもね。

これについては、本当に、人類自身が責任を持たなければいけない問題になると思います。

ただ、私の感想を率直《そっちょく》に述べるとすると、各国が「自衛」ということで自己保存欲のままに行けば、世界百九十数カ国は、みんな核武装する方向に行くだろうと思います。

また、確かに、民主主義国家でない国はたくさんございますので、（核を使うかどうかを）民意によってコントロールはできません。核のボタンを持っているのは大統領ですので、その国が、もし支配欲、征服《せいふく》欲が強い国であれば、ひとたまりもないでしょうね。

あるいは、今、中国のような実質上の独裁国家が核兵器をたくさん持っています。こういうときに、アメリカが非核宣言をして、核が一個もない状態になったらどうなるかを考えると、それは、いともたやすく〝世界征服〟ができることを意味しますね。

こういうことを考えながら、やっていかねばならないと思います。

『北朝鮮・金正恩はなぜ「水爆実験」をしたのか』（幸福の科学出版刊）

アメリカは「核使用《かく》の罪」を認めなければいけない

カント　できれば、本当は、「先の大東亜戦争によって、日本は植民地解放戦争をやったんだ」という史観が受け入れられると同時に、アメリカが、沖縄《おきなわ》戦のみならず、広島、長崎《ながさき》に必要のない原爆を落としたことについて、「人類に対して初めての罪を犯《おか》した」と認めることから始まらないかぎり、核《かく》兵器はなくならないでしょう。

（アメリカは原爆投下について）「あれは正義だ」と言っています。「あれが〝野蛮国《やばんこく》〟日本を倒し、終戦を早め、主としてアメリカ軍の多くの犠牲《ぎせい》を減らした」ということですよ。日本の本土を占領したら、百万人からの（アメリカ人の）死者が出たであろうと推定されますから、「原爆によってアメリカ人の死者を減らしたことは正義だ」と言われているわけです。

しかし、（アメリカが）この核の使用を正当化したがゆえに、その後、核大国が数多く出てきました。そして、また同じようなことを考える者が追随《ついずい》してきているわけですね。

もし、「人道に対する罪」ということであれば、核兵器は明らかに「人道に対する罪」です。だから、「北朝鮮に水爆なんか持たせてはならない」という考え方から言えば、そもそも、「核兵器を人類に対して使った」ということに対する反省はなされねばならないと思います。

これをできないところが、もともとの原点なのではないでしょうかね。

やはり、「日本は植民地解放戦争として戦ったのであって、一定の正義はあったのだ。欧米列強が五百年間（植民地支配を）やって、アジア・アフリカを貧しくすることしかできなかったことに対する悲惨な抵抗《ていこう》の歴史が明らかになって、それに対する解放戦争が行われたのだ」ということを明らかにすることです。

アメリカは「日本は凶悪《きょうあく》な国だった」という価値観を清算すべき

カント　それと、（アメリカが）原爆を落とした理由として、日本の〝残虐《ざんぎゃく》さ〟を引き立てなければ、それを正当化できないために、「南京《ナンキン》大虐殺」だとか、「従軍慰安婦《じゅうぐんいあんふ》」だとかいう問題があって、「日本はナチス張りの凶悪《きょうあく》な国だったんだ」ということが言われ続けています。

そう言い続けないかぎり、原爆の正当性が担保できないために、そうしているところがあると思うし、これについては、「アメリカ」や「中国」や「韓国」も、実は価値観を共有している面があるでしょう。これは、やっぱり、清算する必要があると思います。

そういうわけで、今の日本の天皇陛下《へいか》がアジアの諸国に行って慰霊《いれい》をやっているように、やはり、アメリカの大統領が広島や長崎に対して献花《けんか》し、慰霊の行為をすることによって初めて、「そうした原爆を人類に使用することはよくないことなんだ」ということが遺《のこ》るの

2016年1月、天皇皇后両陛下がフィリピンをご訪問。

ではないかと思うんですね。

価値観としては、こういうことをやらなければ駄目《だめ》で、それなくして、「イスラエルの核兵器、イランの核兵器、北朝鮮の核兵器が善か悪か」ということを判断するのは非常に難しいでしょう。それは、向こうから見れば「自衛」、こちらから見れば「侵略の意図」ということになりますね。

ただ、結果的には、そうした「統一的な哲学」をつくることはできないであろうと推定しますので、おそらく、「北朝鮮」という国家は、今世紀の前半において滅びることになるだろうと思います。

そのときに蛮勇《ばんゆう》を振《ふ》るう大統領は、かなり悪名《あくみょう》を高くすると思いますけれども、誰《だれ》かがそれをすることになるでしょう。やっぱり、「歴史の歯車」はそのように回っていると推定します。

核《かく》戦争を止めるために「宇宙人」が介入《かいにゅう》する可能性がある

カント　やはり、核《かく》の軍縮だけでは本当は解決しないわけで、「そもそも（核は）使っていいものかどうか」の倫理《りんり》基準が必要だということですね。

やはり、日本が核兵器を配備する以前の段階で、世界の流れが変わっていく方向を望みたいなと思っています。今のままで行くと、「イスラム教国」と「ユダヤ教国、あるいはキリスト教国」との核戦争も将来的には予想されますね。「このままで行くと、止められないのではないか」という感じが私にはございます。

人類は、七十億人以上の人口になって、百億人に向かっていますけれども、殺し合いが始まるのではないかという気持ちは非常に強く持っています。

これに対して、「もう一つの可能性」として、幸福の科学が提示しているものもありますが、「宇宙からの侵略者」という考え方があります（『「信仰《しんこう》のすすめ」講義』〔宗教法人幸福の科学刊〕等参照）。

これは、最近、ヒラリー・クリントン等も言い始めていることでありますけれども、「宇宙からの侵略者があったときに、地球人はどうするか」ということです。

地球的対立を、もう一段高くアウフヘーベン（止揚《しよう》）することができるように、本当の悪質

ヒラリー・クリントンがカリフォルニア州のテレビNBC「ザ・トゥナイト・ショー・ウィズ・ジェイ・レノ」に出演したとき、宇宙人の話題で盛り上がった。

宇宙人かどうかは分からないけれども、宇宙人が悪役を買って出て、地球の争いごとをなくそうとする方向で介入《かいにゅう》してくる可能性はあります。

そうした圧倒《あっとう》的な科学力の差を見せつけて、「地球はいつでも皆殺《みなごろ》しにできる状態にあるんだ」ということを誇示《こじ》することによって、地球での無用な殺し合いや戦争、あるいは、軍備拡張運動等を止めようとする介入が、近いうちに起きてくるのではないかと思うのです。

それは、そう先のことではなくて、ここ十年ぐらいの間に起きることではないでしょうか。例えば、米中などが核戦争にまで至《いた》る前に、そういうことは起きるのではないかと思います。

日本による「北朝鮮《きたちょうせん》への先制攻撃《こうげき》」はありえるのか

カント　ただ、「イスラエルやイラン、あるいは、北朝鮮《きたちょうせん》を国体として維持するか否《いな》か」の問題には、「各民族の自決」の問題もありますが、やっぱり、「国際社会として容認できるかどうか」という問題はあります。ただ、この程度の規模の国であれば、過去の歴史では、いくらでも滅ぼされているのが現実ですね。

ですから、日本がイスラエルであれば、とっくに北朝鮮を攻撃《こうげき》しているはずだと思います。空爆をかけているはずですね。

それは国民性の問題ですし、それをするためには、「先の大東亜戦争の正当性」や「アメリカの核攻撃の不当性」、さらには、「従軍慰安婦（問題）や南京大虐殺が捏造《ねつぞう》であった」ということを、国際的に理解させなければいけないでしょう。

その意味で、日本がナチスと同じ扱《あつか》いをされている以上、おそらく、日本は他国を先制攻撃することはできないだろうと思いますね。

ですから、私は、（北朝鮮に対しては）〝偉大なる、野蛮なる〟大統領が、悪名《あくめい》を付けられつつ、何らかの攻撃的行為をするのではないかと思っています。

『南京大虐殺と従軍慰安婦は本当か――南京攻略の司令官・松井石根大将の霊言――』
（幸福の科学出版刊）

『天に誓って「南京大虐殺」はあったのか――『ザ・レイプ・オブ・南京』著者アイリス・チャンの霊言――』
（幸福の科学出版刊）

『原爆投下は人類への罪か？――公開霊言 トルーマン＆F・ルーズベルトの新証言――』
（幸福実現党刊）

日本はその過程のなかで、何とか、別の意味での歴史認識を打ち立てなければいけないんじゃないかと思います。

「神のご意志」が働くなか、「人類の判断」が求められている

カント　また、イスラム教国については、将来的にもっと大きな力が働いてくるでしょう。「世界の歴史をどうつくるか」ということは、神のご意志にもかかわることなので、それを人類の力でできるかどうか。これは、「どこに偉大な力を持った指導者を出すか」ということにもかかわってくることで、まだ、あなたがたにも十分には明かされていない問題だろうと思います。

「戦争」と「平和」は、片方だけが永遠に続くものではありません。戦争と・・・

戦争の間に平和が来る。これはもう歴史上、ずっとそうです。

ある国が強くなったときには、必ず戦争が起きます。「強い国」と「弱い国」がはっきりと分かれたときに、戦争は必ず起きます。あるいは、強い国が出たときには、それに対抗するものが必ず出てきます。そして、力の競争をするものは、必ずぶつかります。どちらかが勝って、どちらかが敗れます。そういう歴史が、延々と続いてきています。これに対しては、「宇宙人」という〝変数〟が加わってくるかもしれないということですね。

私の認識を少し超《こ》えた部分が、ご質問のなかにはあったかと思います。

ただ、国連というものが信用できるかどうかは別として、最終的には、世

2016年1月に大川隆法が行った2つの講演内容を収録した『現代の正義論』（幸福の科学出版刊）

界の大多数が入っている国連において、例えば、「核武装する小国を許すかどうか」という判断は、やっぱりなされるべきでしょう。その判断に基《もと》づいて、「攻撃をするか」、あるいは「武装解除させるか」ということは、考えなければいけないのではないかと思います。

榊原　ありがとうございました。

大川隆法　はい。では、どうもありがとうございました（手を三回叩《たた》く）。

あとがき

果たして、「理性」は「神の正義」に打ち克《か》てるのか。「教会」という名の中世的人間のドグマが「独裁」していた時には、未来の地平《ちへい》を拓《ひら》くのに「理性の剣」が必要だったろう。しかし、「理性の剣」が国王の首を切り落とし、自由・民主・平等・博愛・市場原理が世界の半分をおおった時、こんどは、「理性の剣」が同時に、言論・表現・出版の自由、信教の自由を切り刻《きざ》んで民衆を苦しめる場面もあるだろう。

だから、真の英雄、真の救世主は、啓蒙《けいもう》につぐ啓蒙、智慧《ちえ》につぐ智慧を積み重ねていく鍛練《たんれん》の中にしか生まれないのだ。

古典を真の教養としてかみ砕《くだ》きつつも、現代の課題に一つ一つ挑戦していくことが肝要《かんよう》だ。「平和」も「正義」も「幸福」も、勇気ある努力を必要としているのだ。

二〇一六年　二月十一日

幸福《こうふく》の科学《かがく》グループ創始者兼総裁《そうししゃけんそうさい》　大川隆法《おおかわりゅうほう》

『公開霊言　カントなら現代の難問にどんな答えをだすのか?』

大川隆法著作関連書籍

『正義の法』(幸福の科学出版刊)
『現代の正義論』(同右)
『霊性と教育——公開霊言 ルソー・カント・シュタイナー——』(同右)
『カント「啓蒙とは何か」批判』(同右)
『小保方晴子さん守護霊インタビュー
それでも「STAP細胞」は存在する』(同右)
『小保方晴子博士守護霊インタビュー
——STAP細胞の真偽を再検証する——』(同右)

※左記は書店では取り扱っておりません。最寄りの精舎・支部・拠点までお問い合わせください。

『大川隆法霊言全集 第9巻 ソクラテスの霊言／カントの霊言』

（宗教法人幸福の科学刊）

『「信仰のすすめ」講義』（同右）

公開霊言《こうかいれいげん》　カントなら現代《げんだい》の難問《なんもん》に
どんな答えをだすのか？

2016年2月25日　初版第1刷

著　者　　大《おお》川《かわ》隆《りゅう》法《ほう》

発行所　　幸福の科学出版株式会社
〒107-0052 東京都港区赤坂2丁目10番14号
TEL(03)5573-7700
http://www.irhpress.co.jp/
印刷・製本　株式会社 堀内印刷所

落丁・乱丁本はおとりかえいたします

ISBN978-4-86395-765-7 C0030

写真:ロイター／アフロ／AFP＝時事／EPA＝時事／時事通信フォト／時事／外務省
UN Photo/Logan Abassi／gl0ck/depositphotos／Kevin Winter/gettyimages
gkuna/Shutterstock.com／Sherif9282／Presidential Press and Information Office
朝鮮通信＝時事

大川隆法 霊言シリーズ・世界の政治指導者の本心

守護霊インタビュー ドナルド・トランプ アメリカ復活への戦略

英語霊言 日本語訳付き

次期アメリカ大統領を狙う不動産王の知られざる素顔とは？ 過激な発言を繰り返しても支持率トップを走る「ドナルド旋風」の秘密に迫る！

1,400円

北朝鮮・金正恩はなぜ「水爆実験」をしたのか 緊急守護霊インタビュー

2016年の年頭を狙った理由とは？ イランとの軍事連携はあるのか？ そして今後の思惑《おもわく》とは？ 北の最高指導者の本心に迫る守護霊インタビュー。

1,400円

イスラム国〝カリフ〟バグダディ氏に直撃スピリチュアル・インタビュー

「イスラムの敵になることを日本人は宣言した」──。「イスラム国」が掲げる「正義」の真相を徹底解明。これに日本と世界はどう応えるのか？

1,400円

※表示価格は本体価格（税別）です。

大川隆法 霊言シリーズ・真の科学的精神とは

小保方晴子博士 守護霊インタビュー

STAP 細胞の真偽を再検証する

結局、ＳＴＡＰ細胞は存在するのか？その真偽を「宗教家的アプローチ」により再検証！彼女の「現在の胸中」と「真実」を守護霊が語る。

1,400円

「嫉妬・老害・ノーベル賞の三角関数」

守護霊を認めない理研・野依良治理事長の守護霊による、STAP細胞潰し霊言

されど「事実」は時に科学者の「真実」を超える

大切なのは年功序列と学閥？ 理研・野依理事長の守護霊が語った、小保方氏の「ＳＴＡＰ細胞」を認められない「理研のお家事情」とは。

1,400円

公開霊言

ガリレオの変心

心霊現象は非科学的なものか

霊魂が非科学的だとは証明されていない！ 唯物論的な科学や物理学が、人類を誤った方向へ導かないために、近代科学の父が霊界からメッセージ。

1,400円

幸福の科学出版

大川隆法シリーズ・**最新刊**

現代の正義論

憲法、国防、税金、そして沖縄。
――『正義の法』特別講義編

国際政治と経済に今必要な「正義」とは――。北朝鮮の水爆実験、イスラムテロ、沖縄問題、マイナス金利など、時事問題に真正面から答えた一冊。

1,500円

緊急・守護霊インタビュー
台湾新総統
蔡英文の未来戦略

台湾新総統・蔡英文氏の守護霊が、アジアの平和と安定のために必要な「未来構想」を語る。アメリカが取るべき進路、日本が打つべき一手とは？

1,400円

リクルート事件と失われた
日本経済20年の謎
江副浩正元会長の霊言

なぜ急成長企業はバッシングされるのか？ 江副浩正・元会長が「リクルート事件」の真相を語る！ 安倍政権の成長戦略の死角も明らかに。

1,400円

天使は、見捨てない。
天使に
I'm fine!
アイム・ファイン
製作総指揮／大川隆法
雲母(きらら)　芦川よしみ　金子昇　清水一希　合香美希
原作／『アイム・ファイン』大川隆法(幸福の科学出版)
監督・脚本／園田映人　音楽／大門一也　製作：ニュースター・プロダクション　制作プロダクション：ジャンゴフィルム　配給：日活　配給協力：東京テアトル
©2016ニュースター・プロダクション
5つの傷ついた心に、奇跡を起こす ―
3.19(SAT)ROADSHOW
www.newstar-pro.com/tenshi/
G
NIKKATSU

幸福の科学グループのご案内

宗教、教育、政治、出版などの活動を通じて、地球的ユートピアの実現を目指しています。

幸福の科学

一九八六年に立宗。信仰の対象は、地球系霊団の最高大霊、主エル・カンターレ。世界百カ国以上の国々に信者を持ち、全人類救済という尊い使命のもと、信者は、「愛」と「悟り」と「ユートピア建設」の教えの実践、伝道に励んでいます。

（二〇一六年二月現在）

愛

幸福の科学の「愛」とは、与える愛です。これは、仏教の慈悲《じひ》や布施《ふせ》の精神と同じことです。信者は、仏法真理をお伝えすることを通して、多くの方に幸福な人生を送っていただくための活動に励んでいます。

悟り

「悟り」とは、自らが仏の子であることを知るということです。教学《きょうがく》や精神統一によって心を磨き、智慧《ちえ》を得て悩みを解決すると共に、天使・菩薩《ぼさつ》の境地を目指し、より多くの人を救える力を身につけていきます。

ユートピア建設

私たち人間は、地上に理想世界を建設するという尊い使命を持って生まれてきています。社会の悪を押しとどめ、善を推し進めるために、信者はさまざまな活動に積極的に参加しています。

国内外の世界で貧困や災害、心の病で苦しんでいる人々に対しては、現地メンバーや支援団体と連携して、物心両面にわたり、あらゆる手段で手を差し伸べています。

年間約３万人の自殺者を減らすため、全国各地で街頭キャンペーンを展開しています。

公式サイト **www.withyou-hs.net**

ヘレン・ケラーを理想として活動する、ハンディキャップを持つ方とボランティアの会です。視聴覚障害者、肢体不自由な方々に仏法真理を学んでいただくための、さまざまなサポートをしています。

公式サイト **www.helen-hs.net**

HSU

ハッピー・サイエンス・ユニバーシティ

Happy Science University

私たちは、理想的な教育を試みることによって、本当に、「この国の未来を背負って立つ人材」を送り出したいのです。

（大川隆法著『教育の使命』より）

ハッピー・サイエンス・ユニバーシティとは

ハッピー・サイエンス・ユニバーシティ（HSU）は、大川隆法総裁が設立された「現代の松下村塾」であり、「日本発の本格私学」です。
建学の精神として「幸福の探究と新文明の創造」を掲げ、チャレンジ精神にあふれ、新時代を切り拓く人材の輩出を目指します。

住所 〒299-4325 千葉県長生郡長生村一松丙 4427-1
TEL.0475-32-7770

学部のご案内

人間幸福学部

人間学を学び、新時代を切り拓くリーダーとなる

人間の本質と真実の幸福について深く探究し、
高い語学力や国際教養を身につけ、人類の幸福に貢献する
新時代のリーダーを目指します。

経営成功学部

企業や国家の繁栄を実現する、起業家精神あふれる人材となる

企業と社会を繁栄に導くビジネスリーダー・真理経営者や、
国家と世界の発展に貢献する
起業家精神あふれる人材を輩出します。

未来産業学部

新文明の源流を創造するチャレンジャーとなる

未来産業の基礎となる理系科目を幅広く修得し、
新たな産業を起こす創造力と起業家精神を磨き、
未来文明の源流を開拓します。

未来創造学部

2016年4月
開設予定

時代を変え、未来を創る主役となる

政治家やジャーナリスト、ライター、俳優・タレントなどのスター、
映画監督・脚本家などのクリエーターを目指し、国家や世界の発展、
幸福化に貢献できるマクロ的影響力を持った徳ある人材を育てます。

キャンパスは東京がメインとなり、2年制の短期特進課程も新設します（4年制の1年次は千葉です）。2017年3月までは、赤坂「ユートピア活動推進館」、2017年4月より東京都江東区（東西線東陽町駅近く）の新校舎「HSU未来創造・東京キャンパス」がキャンパスとなります。

教育

学校法人 幸福の科学学園

学校法人 幸福の科学学園は、幸福の科学の教育理念のもとにつくられた教育機関です。人間にとって最も大切な宗教教育の導入を通じて精神性を高めながら、ユートピア建設に貢献する人材輩出を目指しています。

幸福の科学学園

中学校・高等学校（那須本校）
2010年4月開校・栃木県那須郡（男女共学・全寮制）
TEL **0287-75-7777**
公式サイト **happy-science.ac.jp**

関西中学校・高等学校（関西校）
2013年4月開校・滋賀県大津市（男女共学・寮及び通学）
TEL **077-573-7774**
公式サイト **kansai.happy-science.ac.jp**

ハッピー・サイエンス・ユニバーシティ（HSU）
TEL **0475-32-7770**

仏法真理塾「サクセスNo.1」 TEL **03-5750-0747**（東京本校）
小・中・高校生が、信仰教育を基礎にしながら、「勉強も『心の修行』」と考えて学んでいます。

不登校児支援スクール「ネバー・マインド」 TEL **03-5750-1741**
心の面からのアプローチを重視して、不登校の子供たちを支援しています。
また、障害児支援の**「ユー・アー・エンゼル!」運動**も行っています。

エンゼルプランV TEL **03-5750-0757**
幼少時からの心の教育を大切にして、信仰をベースにした幼児教育を行っています。

シニア・プラン21 TEL **03-6384-0778**
希望に満ちた生涯現役人生のために、年齢を問わず、多くの方が学んでいます。

学校からのいじめ追放を目指し、さまざまな社会提言をしています。また、各地でのシンポジウムや学校への啓発ポスター掲示等に取り組む一般財団法人「いじめから子供を守ろうネットワーク」を支援しています。

ブログ **blog.mamoro.org**
公式サイト **mamoro.org**
相談窓口 **TEL.03-5719-2170**

政治

幸福実現党

内《ない》憂《ゆう》外《がい》患《かん》の国難に立ち向かうべく、二〇〇九年五月に幸福実現党を立党しました。創立者である大川隆法党総裁の精神的指導のもと、宗教だけでは解決できない問題に取り組み、幸福を具体化するための力になっています。

党員の機関紙
「幸福実現NEWS」

TEL 03-6441-0754
公式サイト hr-party.jp

出版 メディア 事業

幸福の科学出版

大川隆法総裁の仏法真理の書を中心に、ビジネス、自己啓発、小説など、さまざまなジャンルの書籍・雑誌を出版しています。他にも、映画事業、文学・学術発展のための振興事業、テレビ・ラジオ番組の提供など、幸福の科学文化を広げる事業を行っています。

アー・ユー・ハッピー?
are-you-happy.com

ザ・リバティ
the-liberty.com

幸福の科学出版
TEL 03-5573-7700
公式サイト irhpress.co.jp

THE FACT
ザ・ファクト
マスコミが報道しない
「事実」を世界に伝える
ネット・オピニオン番組

Youtubeにて
随時好評配信中!

ザ・ファクト　検索

入会のご案内

あなたも、幸福の科学に集い、ほんとうの幸福を見つけてみませんか？

幸福の科学では、大川隆法総裁が説く仏法真理をもとに、
「どうすれば幸福になれるのか、また、
他の人を幸福にできるのか」を学び、実践しています。

入会

大川隆法総裁の教えを信じ、学ぼうとする方なら、どなたでも入会できます。入会された方には、『入会版「正心法語」』が授与されます。（入会の奉納は1,000円目安です）

ネットでも**入会**
できます。詳しくは、
下記URLへ。
happy-science.jp/joinus

三帰《さんき》誓願《せいがん》

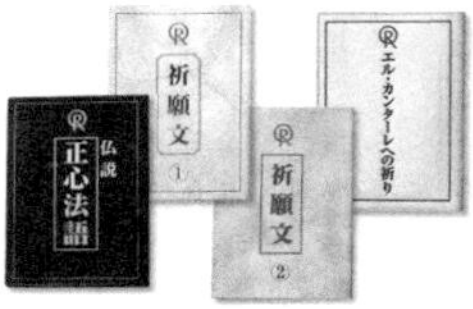

仏弟子としてさらに信仰を深めたい方は、仏・法・僧の三宝への帰依を誓う「三帰誓願式」を受けることができます。三帰誓願者には、『仏説・正心法語』『祈願文①』『祈願文②』『エル・カンターレへの祈り』が授与されます。

植福《しょくふく》の会

植福は、ユートピア建設のために、自分の富を差し出す尊い布施の行為です。布施の機会として、毎月1口1,000円からお申込みいただける、「植福の会」がございます。

ご希望の方には、幸福の科学の小冊子（毎月1回）をお送りいたします。
詳しくは、下記の電話番号までお問い合わせください。

月刊
「幸福の科学」

ザ・伝道

ヤング・ブッダ

ヘルメス・
エンゼルズ

INFORMATION
幸福の科学サービスセンター
TEL. 03-5793-1727（受付時間 火～金：10～20時／土・日・祝日：10～18時）
幸福の科学 公式サイト **happy-science.jp**